基于胜任素质的轨道交通司机安全性评价与管理研究

叶　龙　郭　名　王　蕊　褚福磊　著

北京交通大学出版社
·北京·

图书在版编目（CIP）数据

基于胜任素质的轨道交通司机安全性评价与管理研究/叶龙等著. —北京：北京交通大学出版社，2016. 5

ISBN 978-7-5121-2745-6

Ⅰ. ① 基… Ⅱ. ① 叶… Ⅲ. ① 轨道交通-安全评价-研究 Ⅳ. ① U298

中国版本图书馆 CIP 数据核字（2016）第 111576 号

基于胜任素质的轨道交通司机安全性评价与管理研究

JIYU SHENGREN SUZHI DE GUIDAO JIAOTONG SIJI ANQUANXING PINGJIA YU GUANLI YANJIU

策划编辑：吴嫦娥　　责任编辑：赵彩云　　助理编辑：刘　蕊

出版发行：北京交通大学出版社　　电话：010-51686414　http：//www. bjtup. com. cn

地　　址：北京市海淀区高梁桥斜街 44 号　邮编：100044

印 刷 者：北京艺堂印刷有限公司

经　　销：全国新华书店

开　　本：170 mm×235 mm　　印张：14　　字数：220 千字

版　　次：2016 年 5 月第 1 版　　2016 年 5 月第 1 次印刷

书　　号：ISBN 978-7-5121-2745-6/U · 229

印　　数：1～1 000 册　　定价：59. 00 元

推荐序 1

近十年来，随着我国经济的快速增长和城市化进程的加快，以动车组为代表的高速铁路客运体系和包括地下铁道、轻轨交通在内的城市轨道交通体系得到了迅猛发展。2008 年 350 km/h 京津城际高铁的开通运营，拉开了中国高铁的崭新一幕。截至 2015 年年底全国高速铁路的实际运营里程已经达到了 1.9 万 km，这无疑标志着我国已经进入了轨道（铁路）交通先进国家行列。在轨道交通建设规模不断扩大、新技术装备大量投入使用、各种硬件设施不断提高的同时，如何确保轨道交通始终安全、平稳、高效运行，不仅是人民群众对轨道交通最基本的需求，也受到世界各国的广泛关注。

根据国内外对轨道交通安全事故原因的分析与研究，发现人因失误是最重要的因素，累计权重达 80%左右。轨道交通司机作为确保轨道交通安全运行的关键岗位人员，其胜任素质直接关系着列车是否能安全、正点及平稳运行。因此，以“一流的管理、一流的标准、一流的能力、一流的业绩”为管理目标，科学、准确地对轨道交通司机安全性进行评价，找出与行车安全密切相关的胜任素质指标，筛选、培养一支思想素质过硬、熟悉规章制度、掌握设备性能、精于操纵技术、能够安全驾驶的轨道交通司机队伍，是中国轨道交通快速发展亟待解决的现实问题。

令人欣喜的是，北京交通大学以叶龙教授为学术带头人的研究团队长期从事轨道交通司机的安全性评价研究，实际参与了动车组司机的选拔评价工作。通过理论研究和实践的检验，创新性地提出“人的安全性评价”概念，基于胜任素质构建了完整的“人的安全性评价”理论体系。基于该理论体系，对轨道交通司机的胜任素质评价、胜任素质与行车安全关系进行了深入研究，在国内外刊物上发表了多篇学术论文。北京交通大学也特别重视这个领域的研究，成立专门研究机构“轨道交通行车关键岗位人员职业适应性研究中心”。基于这个高水平平台，叶龙教授带领其科研团队承担了 20 余项原铁道部、国家铁路局、中国铁路总公司的课题。通过科学研究，提出了适合我国铁路现场实际的动车组司机驾驶适应性评价方法和手段，应用于高铁动车组司机实际选拔工作，并将驾驶适应性测试作为申请动车组司机驾驶证必要条件写入《铁路机车车辆驾驶人员资格许可办法》(交通运输部令 2013 年第 14 号)。这也标志着我国铁路机车驾驶人员资格管理工作已达到国际先进水平，走在了世界前列。

该书系统地分析了轨道交通司机的安全管理现状，通过相关理论的阐述建立了轨道交通司机的安全性评价理论框架，将胜任素质理论应用于安全管理领域，将“人的行为因素”作为研究整体，运用粗糙集理论结合轨道交通司机岗位特点，建立了基于胜任素质的轨道交通司机安全性评价指标体系；通过实证研究对数千名高速铁路司机、地铁司机等轨道交通司机的安全性进行了测评，并将研究结果应用到轨道交通司机的甄选、上岗、培训及退役管理在内的安全管理一体化流程中。作者立足轨道交通特点，依托轨道交通司机安全性评价模型，更加注重影响轨道交通运输安全的司机的各项职业素质和个性特征，从安全作业的源头对轨道交通系统安全管理进行了深入研究，不仅为政府部门推进轨道交通司机管理制度改革提供了一个方向，也为各轨道交通运营单位今后结合自身的实际情况对司机进行选拔、培训和日常管理提供了依据。

《基于胜任素质的轨道交通司机安全性评价与管理研究》本着实用的原则，图文并茂，内容翔实，数据丰富，既是一部有深度的理论专著，又是一本极具实用价值的参考书。在我国高铁“走出去”战略背景下，对提升和推动我国轨道交通的科学发展，降低轨道交通事故率和提高安全管理水平将起到非常积极的作用。该书也客观地反映了当前轨道交通司机身心等各方面的现状，它的出版发行，必将引起全社会对轨道交通司机身心健康更加广泛的关注和理解。如果单位、社会及其家庭都能给予轨道交通司机支持、尊重、理解，并使其切身感受到来自各方面的关怀，轨道交通司机的身心健康将会得到更好的维护。有了身心健康、素质过硬的轨道交通司机队伍，轨道交通安全运营才有了根本保障。

是为序。

中国工程院院士

2016 年 5 月 20 日

推荐序 2

呈现在读者面前的这本书，是一项基于胜任素质的轨道交通司机安全性评价与管理的最新研究成果，是适应我国铁道交通通向现代化发展需要的新著。

进入 21 世纪以来，中国铁路客运运行速度实现了从 140 km/h 到 350 km/h“陆地飞行”的转变。截至 2015 年年底，全国铁路营业里程超过 12 万 km，居世界第二位，其中高铁 1.9 万 km，居世界第一位。中国铁路顺利完成了由量变到质变，由传统铁路向现代化铁路的华丽转身。但铁路人时刻牢记着：安全运行始终是永恒的主题。轨道交通系统是一个复杂的多体系统，其安全性涉及人、机和环境三个方面的因素，是一个三位一体的耗散结构。在高速度、快节奏、大负荷、强压力的环境下，轨道交通司机的胜任素质水平在很大程度上决定了行车安全。因此，研究轨道交通司机的胜任素质及行车安全性，找出对行车安全密切相关的胜任素质指标，科学、准确地对轨道交通司机安全性进行评价，能够有效地提高轨道交通司机工作的安全性，从源头上保障轨道交通的安全运行。

在世界范围内，各国对铁路司机能力的评价及与行车安全性的研究总体上来说主要是从生理健康指标、心理健康指标和职业适应性等方面来进行。德国铁路在 20 世纪中期便对司机就业前进行职业能力检查，对体检合格的候选人再看其是否有心理问题，然后选拔上岗；日本高度重视人在保证行车安全中的特殊作用，要求他们具备良好的职业生理和心理条件，淘汰心理有问题的司机，提高行车安全的可靠性；法国国营铁路公司对所有求职者都要进行生理和心理检查，并且还要由心理专家进行面试，以此来分析与行车安全相关的胜任能力。除此之外，俄罗斯、瑞士、荷兰等国家也进行了大量相关研究，但是大多是运用生理和心理健康两方面的指标来评价机车司机，淘汰不适宜担任司机的人员，以提高行车安全性。

北京交通大学十分重视对高速铁路司机的安全性评价，建立了专门的“轨道交通行车关键岗位人员职业适应性研究中心”，以中心主任叶龙教授为学术带头人的团队长期从事轨道交通司机的安全性评价研究，并从 2005 年开始就实际参与了铁路动车组司机的选拔评价工作。叶龙教授将多年理论研究和现场实际选拔评价实际工作的成果著书出版。该书从人的因素出发，综合安全行为理论、人因可靠性理论、职业适应性理论及人力资源管理等相关理论，将胜任素质模型应用于安全管理领域，全面阐释了人的安全性评价的内涵，并以“人的安全性因素”作为研究整体，通过事故组与非事故司机的胜任素质显著性差异及胜任素质与安全绩效的聚类、相关分析，研究高速铁路司机胜任素质对行车安全的保障作用，构建出基于胜任素质的高速铁路司机的安全评价指标体系。所建立的基于全面胜任素质的轨道交通司机安全性评价思路和综合评价模型，丰富、完善了安全管理和安全性评价的理论体系。该书是国内率先将轨道交通司机胜任素质作为影响行车安全的重要因素进行研究的著作，具有较强的创新性，也是国内首次将研究成果在现场基层站段和所有开通高铁的铁路局展开应用，对轨道交通司机的胜任素质与行车安全性进行跟踪评价，建立轨道交通司机胜任素质数据库，实现对轨道交通司机胜任素质的实时跟踪的著作，为提升轨道交通系统安全管理提供了科学保障，并取得了良好效果。

通过该书建立的“人的安全性评价”模型进行评价，不仅可以发现轨道交通司机在胜任素质方面存在的不足，为司机队伍的选拔、培训与管理工作指明方向，还可以发现轨道交通司机各项素质的变化，为轨道交通司机的职业生涯发展提供相应的安全监护和管理建议。因此，基于胜任素质的轨道交通司机安全性评价模型构建既是行车安全的基础，也是控制事故发生的有效手段。该书理论与实践相结合，不仅可在高铁系统直接应用，也可供其他交通方式（普通列车系统、公路汽车系统，以及水路运输系统）参考使用。预祝该书的出版对交通管理人员不断探索和完善符合我国实际、具有中国特色的轨道交通运营管理模式，努力塑造安全可靠、运营有序、管理一流的现代化交通，促进我国经济社会又好又快发展发挥重要的作用。

特为序。

中国工程院院士

中国社科院学部委员

李京文

2016 年 5 月 29 日

前　　言

国际大都市发展轨道交通的经验表明，轨道交通作为现代化的客运交通方式，对带动城市经济综合发展、调整城市空间结构、引导城市土地合理运用，发挥着积极而重要的作用。目前，世界各国拥有地铁和轻轨系统的城市已达 300 多个，这些城市都是政治、经济、文化中心，有良好的客运市场需求和坚实的经济基础。轨道交通已经成为大城市经济发展和聚集辐射能力的重要力量。城市的发展离不开区域的支撑，区域城市一体化进程能更好地促进中心城市的发展。从区域层面考虑，尤其是相对密集的城市群或城市连绵区，轨道交通线路可将它们连接起来，缩短时空，相互协调发展。通过城际轨道将城市周边主要城镇与城市次中心联系起来，以利于城镇体系的合理发展。市区地铁与轻轨的建设主要是依据客流需求进行抉择，客运量大的城市可以选择地铁或地铁与轻轨结合形成轨道网络，客运量相对较小的城市可选择投资较少的轻轨交通。

轨道交通发达国家，在经历了 20 世纪中期的发展低潮后，通过技术创新、体制改革等战略的实施，从 20 世纪 80 年代后期开始，先后开启了轨道交通复兴历程。与此相适应，面对轨道交通发展的新形势、新特点，轨道交通管理部门积极地采用人力资源管理的新理念、新方法，以提高组织绩效为目标，以人力资源资本化、人力资源管理战略化为指导，合理设定司机队伍建设规划目标，加强司机队伍源头管理，优化司机队伍过程管理，不断强化司机队伍素质培养。

所有与轨道交通运输安全相关的人员中，司机是最重要的组成部分，是行车安全系统中的核心子系统，在运行过程中起关键作用。根据国内外学者对轨道交通安全事故原因的分析与研究，对司机素质要求的探索和经验总结，发现在各种事故原因中司机的失误是最重要的影响因素，累计权重接近 80%，排在第一位。因此，轨道交通司机的安全管理是轨道交通管理的关键环节。在实践中，从轨道交通司机的选拔到司机的培训、考核等司机管理的整个过程，无处不渗透着安全管理的理念，有关安全的各项指标也成为司机人员管理的重要参考。

目　　录

基础理论篇

现　状　篇

实证研究篇

管理应用篇

基础理论篇

本篇从行为理论、胜任素质理论等方面阐述了轨道交通司机个体差异的理论基础，主要包括理论概述、相关理论研究方法及基于这些理论的相关应用，是对轨道交通司机的特质、行为理论的基础阐释，为轨道交通司机的安全管理提供了坚实可靠的理论支撑。

第一章

行为理论及其相关研究

个体既存有共性的方面，又兼有差异性。共性体现在每个人都有认知、情感等心理过程；个性则表现为从外显的传记特征到内在的个性心理特征和心理倾向性的差别性，有些是比较明显的，有些是深层的、不易识别和把握的。在管理过程中，充分了解和把握个体的心理和行为特点，有助于管理者有效实行人才的选拔与评价、培养与开发及使用与保留等管理工作。个体行为的方式和习惯决定了个体在危险工作场所中的行为方式，这种情境下的行为是否安全直接影响着企业的安全生产。通过了解个体的行为模式，掌握其形成、发展、变化的规律，分析影响个体行为的深层原因，有利于对轨道交通司机的安全性做出合理评价。

第一节　个体行为基础

一、人格

（一）人格的内涵

人格（personality），也称“个性”，是影响个体行为的相对稳定的一系列心理特征和心理倾向性的总和。人格具有独特性、稳定性、多维性和功能性，我们在工作和生活中一方面可以通过观察个体外在的行为推知他的人格；另一方面，也可以通过了解个体的人格特性预测其未来的行为倾向。

人格的形成和发展是一个复杂的过程。遗传是人格形成和发展的前提，遗传观点认为，个体的个性特征可以从染色体上基因的分子结构中得到全面的解释。一项针对儿童的研究表明，害羞、畏惧、不安这些个性特质很大程度上是由基因特点决定的。除此之外，人格还会受到社会文化环境、角色和个人境遇的影响。比如，父母对工作的态度、与朋友的交往、和亲属的关系、对挫折和成功的反应，都影响子女的人格。又如，个体若长期担任某一角色，会逐渐养成该种角色的人格特质，如会计师、艺术家、教师、工程师等，对同一件事所表现的行为在情绪的稳定性、外倾性、随和性等方面常会有所不同。同样，境遇也是影响人格的重要因素。个体在成长过程中经历的事件，如单亲家庭、巨大挫折、朋友反目，这些境遇都会影响人格的发展。遗传、环境、角色和境遇这些因素相互影响、相互作用、相互依存，共同决定着人格的形成。

（二）人格理论

1. 卡特尔十六种人格特质（16PF）

卡特尔 16PF（Cattell's 16 personality factor）又称卡特尔 16PF 测验，是世界上最完善的心理测量工具之一。16 种个性因素在一个人身上的不同组合，就构成了一个人独特的人格，完整地反映了一个人个性的全貌。通过权衡这些人格特质与情境的关系可以预测在具体情境中个体的行为（见表 1–1）。“卡特尔十六种人格因素测验”具有良好的信度及效度，是目前世界上使用比较广泛的人格测验之一，我国研究者也对测验进行了修订，使之更适合我国的国情。该测验的适用对象比较广泛，15 岁以上的中学生和所有具备小学阅读水平的青年、壮年和老年人都适用，因此经常用于心理咨询、人员选拔和职业指导等各个环节，为人事决策中个人心理素质的诊断提供参考依据。

表 1–1 卡特尔十六种人格特质

序号	人格特征	人格特征的表现
1	乐群性	描述是否愿意与人交往，待人是否热情

续表

序号	人格特征	人格特征的表现
2	聪慧性	描述抽象思维能力，聪明程度
3	稳定性	描述对挫折的忍受能力，能否做到情绪稳定
4	恃强性	描述是否愿意支配和影响他人，是否愿意领导他人
5	兴奋性	描述情绪的兴奋和活跃程度
6	有恒性	描述对社会道德规范和准则的接纳与自觉履行程度
7	敢为性	描述在社会交往情境中的大胆程度
8	敏感性	描述敏感程度，即判断和决定是否容易受到感情的影响
9	怀疑性	描述是否倾向于探究他人言行举止之后的动机
10	幻想性	描述对客观环境和内在的想象过程的重视程度
11	世故性	描述是否能老练、灵活地处理事物
12	忧虑性	描述体验到的烦恼和忧郁程度
13	实验性	描述对新鲜事物的接受和适应程度
14	独立性	描述独立程度，即对群体的依赖程度
15	自律性	描述自我克制、自我激励的程度
16	紧张性	描述生活和内心的不稳定程度，以及相关的紧张感

2. A 型人格

A 型人格与 B 型人格是对人们人格特质的一种区分方式。A 型人格较具进取心、侵略性、自信心、成就感，并且容易紧张。与 A 型人格相反，B 型人格较松散、与世无争，对任何事皆处之泰然。

工作中，A 型人格的人愿意长时间工作，他们比较关注工作的数量和速度，常常依赖经验来解决当前面对的问题，决策能力欠佳。他们不断给自己施加压力，为自己制定时间期限，因此容易患上工作焦虑症。B 型人格的人却很少因为工作内容的增多和时间的延长而产生焦虑。在组织中，尽管 A 型人格的人工作十分努力勤奋，但 B 型人格的人常常在组织中处于高层职位，A 型人格的人更适合成为一名优秀的推销员。

3. 大五人格

人格专家通过词汇学的方法，最终将人格缩减成五个维度，包括：① 外向性

（extroversion），描述个体喜欢社交、善于言谈、坚定自信、合群，外向性的人常常从周围的人和事物中获取能量；② 随和性（agreeableness），描述个体随和、合作性强、富有同情心等特征；③ 责任心（conscientiousness），描述个体的责任感、可靠性、自律、始终如一、成就倾向；④ 情绪稳定性（emotional stability），描述个体面对压力的反应和能力。情绪稳定性高的人平和、冷静、自信、热情，情绪稳定性低的个体容易紧张、焦虑、失望；⑤ 经验开放性（openness to experience），描述一个人想象力、创造力、好奇心及艺术敏感性等方面的人格维度。

除了提供分析人格特质的框架外，五维度的研究还表明这些人格维度与工作绩效有着重要关系，如责任心可以预测工作人员的工作绩效，外向性可以预测管理和销售职位的工作绩效，经验开放性可以预测培训的效果，等等。

4. 迈尔斯–布瑞格斯类型指标

迈尔斯–布瑞格斯类型指标（MBTI）由美国的凯恩琳 • 布瑞格斯和她的女儿伊莎贝尔 • 布瑞格斯 • 迈尔斯通过对人类性格差异进行长期观察和研究编制而成。四个维度——内向型或外向型（I 或 E）、感觉型或直觉型（S 或 N）、思维型或情感型（T 或 F）、感知型或判断型（P 或 J）可组合出 16 种个性特质。例如，ENTP 型是抽象思考者，他们敏捷、聪明，擅长完成挑战性工作；INTJ 型是组织者，他们很现实，实事求是，擅长组织和操纵活动；ISTJ 型是幻想者，他们具有创造性思想，批判、独立、决断，甚至常常有些顽固。MBTI 常用于人格和职业生涯的研究，许多著名的企业家，如本田汽车公司、微软公司、联邦快递公司的创始人，均为直觉思维型（NT）。

MBTI 对个体性格与职业的匹配具有很好的预测性。例如，ISTJ 型适合的职业有首席信息系统执行官、天文学家、侦探、行政管理者等，ENTP 型适合的职业有企业家、投资银行家、大学校长、演员等。MBTI 性格类型与创造力水平也相关，研究表明，ENTJ、ENFP、ENFJ 三种性格的大学生创造力水平较高，ISTJ 类型创造力水平较低。目前，许多公司、医院、教育机构都广泛运用 MBTI 来测试人格特质，选拔出合适的职业人才。

5. 九型人格

九型人格（enneagram）是一种新兴的人格分类理论，理论基础是美国亚力山大·汤马斯博士和史黛拉·翟斯博士1977年在《气质和发展》一书中提出的婴儿的九种不同气质。近代九型人格是20世纪60年代由南美洲智利的心理学家Oscar Ichazo创立的，他按照性格的特点将人分为九种，并绘制了九型人格的关系图（见图1–1）。

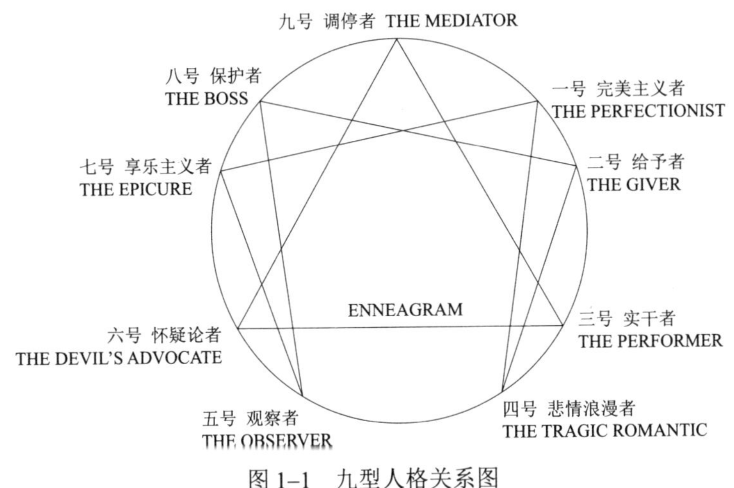

图1–1 九型人格关系图

九型人格理论之所以在组织管理中受到推崇，是因为它不仅详细分析了九种人格的性格特点，还提出了每个性格应如何进行自我完善和如何与不同人格的人相处的策略，以及根据员工性格组建团队的方法。例如完美型的领导关注细节，做事按部就班，缺少灵活性，因此可为他配置一名活跃型的助手，令其决策更有效率；活跃型的助手在和完美型的领导沟通时要用理性、合乎逻辑的态度，并适时表现一些幽默感；完美型的领导需要增加自己的行为弹性，尽量突破个性局限，以提升团队士气，增强团队创造力。

九型人格已应用于通用汽车、AT&T、HP（惠普）计算机、可口可乐、Nokia、美国中央情报局等全球先进企业和机构，用来培训员工、建立团队、促进沟通、提升领导力、增强执行力等，可在多方面提高企业的综合能力。

（三）工作中的人格特质

1. 控制点（locus of control）

控制点指个体在与周围事物相互作用的过程中，对影响自己的活动及其行为结果的各种心理力量的看法。自信自己能够掌握命运的为内控者（internals），认为自己被外界力量所左右的为外控者（externals）。

研究表明，外控者对工作更不满意、缺勤率更高，工作卷入程度也更低。因为绩效不佳受到上级责备时，外控者会对上级怀有偏见，责备周围同事或强调自己无法控制的因素。内控者会从自身活动出发解释同样的情况。实际工作中，内控者更适合从事复杂资讯处理、创新、独立的工作，管理者应给予更多的支持和鼓励；相反，外控者适合从事结构性、例行性的工作，管理者应对他们进行更多指导、监督和控制。

2. 马基雅维利主义（Machiavellism）

马基雅维利主义是以尼可洛·马基雅维利的名字命名的。16 世纪马基雅维利在《君主论》中提出了注重实效、对人保持情感的距离、为达到目的不择手段的观点。高马基雅维利主义的人比低马基雅维利主义的人更愿意操纵别人，赢得更多的利益，喜欢说服别人，不容易被人说服。

高马基雅维利主义者是否是一名好员工，取决于工作的类型及在绩效评估中是否考虑道德因素。高马基雅维利主义者适合的工作状况有：需要与他人直接互动（采购经理），规则较宽松、自由（销售员），需要及时应变（技术人员）。

3. 自尊（self-esteem）

自尊是个体自我价值的体现。研究表明，自尊与成功预期有正相关的关系。高自尊者相信自己拥有工作成功所需的大部分能力，更倾向选择高冒险性和非传统性的工作。低自尊者对外界的影响更加敏感，他们需要得到别人的认可，因此，他们更注重取悦他人，更倾向于按照自己尊敬的人的指导做事情。自尊与工作满意度有相关性，研究发现，高自尊者比低自尊者对工作的满意度更高。

4. 自我监控（self-monitoring）

自我监控是指根据外部情境因素来调整自己行为的个体能力。高自我监控者在根据外部环境调整自己行为方面表现出较高的适应性，他们对环境线索十分敏感，能够根据不同的情境采取不同的行为，并能够使公开的角色与私人的角色之间表现出极大的差异；低自我监控者则不能以这种方式伪装自己，倾向于在各种情境下都表现出自己真实的性情和态度，因此他们的性格和行为具有高度的一致性。

高自我监控者比低自我监控者更倾向于关注他人的活动，行为更灵活多变，在他人面前常常扮演多重甚至相互冲突的角色，可以推断高自我监控者会在管理岗位上更为成功。

5. 冒险性（adventure preference）

冒险性是指人们接受或回避风险的倾向性。冒险性的差异对管理者决策所用的时间及决策前所需要的信息量都有影响。高冒险性的管理者比低冒险性的管理者决策更迅速，在决策时所需要的信息量也更少。但两者决策的准确性是相当的。

一般认为组织中的管理者属于风险回避型，但在这一维度上仍然存在个体差异。例如，对于一名股票经纪人来说，高冒险性可能会带来更高的业绩，因为这类工作需要快速决策；相反，高冒险性对于一名从事审计工作的财会人员而言可能是个障碍，公司最好安排低冒险性的人从事这类工作。

（四）人格差异与管理

1. 人格特质与人员选配

任何一种人格特质既有其积极的一面，也有其消极的一面。因此在人员招聘和职务配置上，应该考虑人格和工作的相互适应。二者协调一致时，会产生更高的工作满意度和更低的离职率。例如，社会型的个体应该从事社会型的工作，传统型的个体应该从事传统型的工作，现实型的个体从事现实型的工作比从事研究型的工作更为高效，社会型的工作对于现实型的人可能最不合适。

表 1–2 对应的是心理学家约翰·霍兰德提出的人格–工作适应性理论。他指出，员工对工作的满意度和流动的倾向性取决于个体人格与职业环境的匹配程度，并依此划分了 6 种基本人格类型及其适应的工作情境。

表 1–2 霍兰德提出的个性类型与职业范例

类型	偏　好	人格特质	职业范围
现实型	偏好需要技能、力量协调性的体力活动	害羞、真诚、持久稳定、顺从、实际	机械师、钻井操作工、装配线工人、农场主

续表

类型	偏　好	人格特质	职业范围
研究型	偏好思考、组织和理解的活动	分析、创造、好奇、独立	生物学家、经济学家、数学家、新闻记者
社会型	偏好能够帮助别人的活动	社会、友好、合作、理解	社会工作者、教师、议员、临床心理学家
传统型	偏好规范、有序、清楚明确的活动	顺从、高效、实际、缺乏想象力、缺乏灵活性	会计、业务经理、银行出纳员、档案管理员
企业型	偏好那些能够影响他人和获得权利的活动	自信、进取、精力充沛、盛气凌人	法官、房地产经纪人、公共关系专家、小企业主
艺术型	偏好那些需要创造性表达的模糊且无规则可循的活动	富于想象力、无序、杂乱、理想、情绪化、不实际	艺术家、市场策划人员、室内装饰家

2. 人格与安全管理

国外一些研究表明，事故的发生率和员工的性格有非常密切的关系，技术再好的操作人员，如果没有良好的性格特征，也会表现出较高的事故发生率。通常，事故的发生与个体的以下性格特征有关：① 马虎、敷衍、粗心、责任意识差，这类性格常是引起事故的直接原因；② 性情不稳定，易受情绪感染、支配，易于冲动，情绪起伏波动大的个体更容易引发事故；③ 攻击型性格，具有这类性格的人，常妄自尊大、骄傲自满，不接纳别人的意见，忽视安全工作；④ 感知、思维、运动迟钝，不爱活动，懒惰，具有这种性格的人，由于在工作中反应迟钝、粗心大意，亦常会导致事故。

上述的不良性格特征，给安全工作带来了极大隐患，但由于工种的不同及作业条件的差异，具有这些不良性格特征的人，发生事故的可能性也有很大差异。从安全管理这个角度考虑，管理过程中应把具有上述性格特征的人尽可能安排到发生事故可能性较小的工作岗位上去，而对于某些特种作业或较易发生事故的工种，在招收新工人时，必须要考虑与职业相适应的性格特征。此外，管理者应在充分把握下属员工人格特质的基础上，有效预测他们的行为，判别他们在某些情况下可能采取的行为模式，这对生产人员在工作中防止事故发生、促进安全工作具有积极作用。

二、情绪

（一）情绪的内涵

情绪（emotion）指伴随着认知和意识过程产生的对外界事物的态度，是对客观事物和主体之间关系的反应，是以个体的愿望和需要为中介的一种心理活动，包含情绪体验、情绪行为、情绪唤醒和对刺激物的认知等复杂成分。情绪状态有几种特殊的形式：心境是微弱而持久的情绪状态；热情是强烈、稳定而深刻的情绪状态；激情是迅速、猛烈地爆发而又短暂的情绪状态；应激是出于意外情况而引起的情绪状态。

情绪和情感两个词常可通用，在某些场合它们所表达的内容也有不同，但这种区别是相对的。人们常把短暂而强烈的、具有情景性的感情反应看作是情绪，如愤怒、恐惧、狂喜等；而把稳定而持久的、具有深沉体验的感情反应看作是情感，如自尊心、责任感、热情、亲人之间的爱等。实际上，强烈的情绪反应中有主观体验，情感也在情绪反应中表现出来，通常所说的感情既包括情感，也包括情绪。

（二）情绪智力

情绪智力（emotional intelligence），也称情商，是指在面对环境需求和压力时，影响一个人获得成功的非理性（非认知）的处理技巧和体验能力。20 世纪 90 年代初，美国心理学家彼特•沙洛维（Salovey）和约翰•梅耶（Mayer）正式提出了“情绪智力”，他们最初将其定义为“个体”监控自己及他人的情绪、情感，对其加以识别并用这些信息指导自己思想和行为的能力。

1998 年戈尔曼（Goleman）在《工作中的情绪智力》一书中，将情绪智力研究的范围缩小到工作场所，并将之前提出的理论模型和工作场所的情景结合起来，重新解释并形成了自己的情绪智力理论模型。他把情绪智力分为五个方面：认识自己情绪的能力、妥善处理情绪的能力、自我激励的能力、理解他人情绪的能力和人际交往的能力。

此外，巴昂（Bar-On）在 1997 年提出了情绪智力理论模型。Bar-On 认为情绪智力是影响人应对环境需要和压力的一系列情绪的、人格的和人际能力的总和。情绪智力是决定一个人在生活中能否取得成功的重要因素，直接影响人的心理健康。Bar-On 提出的情绪智力理论模型由五大维度构成，分别是个体内部成分、人际成分、适应性成分、压力管理成分和一般心境成分[①]。

目前，在美国的情商测试中，影响较大的有两种：乐观测试和非语言敏感性素描（profile of nonverbal sensitivity，PONS）。研究发现，情商高的个体更易于体验到工作中的积极情感，从而产生对组织的情感依赖和责任感。在现代企业中，越来越多的工作是由团队来完成的，团队的工作气氛及凝聚力对工作绩效有着深刻的影响。团队能否和谐，不仅取决于每个成员的情商，更取决于团队整体的情商。高情商的团队，成员之间往往具有亲和力和凝聚力，团队显示出高涨的士气；低情商的团队，士气低落，人心涣散，缺乏战斗力。

（三）情绪差异与管理

人是社会动物，周围的一切都有可能引起人情绪的波动。员工喜怒哀乐的情绪，往往会影响其工作的状态和效率，管理者要善于利用情绪、情感来提高自身管理水平，从而更有效地完成组织任务，实现组织目标。

1. 情绪与人力资源管理

首先，建立基于员工情绪管理能力的人力资源甄选和配置体系。在员工的招聘过程中要特别重视对员工情绪管理能力的考察，明确分析和界定不同岗位员工相应情绪管理能力的技能标准，确定员工现有的情绪管理能力是否符合岗位的规范和要求，为员工的招募与甄选提供明确的判断依据。

其次，开发和完善员工情绪管理能力培训体系。通过开展培训需求分析为不同岗位的员工提供有针对性的情绪管理方面的培训课程。注重在培训中搭建员工情绪交流和训练的平台，借助角色扮演等方法逐步提升员工的情绪管理能力。考察、跟踪员工在培训后由情绪管理能力改变所带来的工作行为和工作绩效的改

---

① 徐晓燕，张进辅. 巴昂的情绪智力模型及情商量表简述［J］. 心理科学，2002，25（3）：333-334.

变，使情绪管理的培训成果转化到员工的实际工作中去，从而促进组织整体绩效的提升。

最后，构建基于员工情绪管理能力的情绪疏导体系。研究表明，积极的情绪可以提升员工工作的绩效，而消极的情绪则会降低员工的满意度甚至导致工作绩效下滑。管理者要善于把握员工情绪的动向，对于员工的情绪表达给予积极反馈，引导员工采用正确的途径释放压力，帮助员工消除或减少负面情绪带来的不利影响，从而形成稳定、积极的工作情绪。

2. 情绪与安全管理

工作中，引致事故的心理因素之一是心理机制失调，包括人的动机、情绪、个体心理特征等因素失调，其中，情绪是变化最大、影响最深的因素。不同性质的工作有不同的情绪激动水平要求。一般来说，从事复杂劳动或抽象劳动时要求情绪激动水平较低，这样才有利于安全操作和提高劳动效率；相反，从事快速、紧张的劳动，需要较高的情绪激动水平才有利于提高劳动效率。

情绪激动水平的高低受外界刺激影响，因此，改变外界刺激有助于改变情绪的倾向和水平。例如，安全检查表中有一个栏目是调查工人有无家庭纠纷、打架、赌气等事件发生，若工人情绪受到较大影响，可采用换班、休息、谈话等方法，避免工人带着负面情绪进入操作岗位。

三、气质

（一）气质的概念

气质是个体的个性心理特征之一，它是指在人的认识、情感、言语、行动中，心理活动发生时力量的强弱、变化的快慢和均衡程度等稳定的动力特征。它与日常生活中人们所说的“脾气”“性格”“性情”等含义相近。

（二）气质的类型

古希腊医生希波克拉特斯根据人体内 4 种体液（血液、黏液、黄胆汁、黑胆汁）多寡不同的假设，把气质分为 4 种类型，即性情急躁、动作迅猛的胆汁质，性情活跃、动作灵敏的多血质，性情沉静、动作迟缓的黏液质，性情脆弱、动作迟钝的抑郁质。巴甫洛夫通过对高等动物进行研究，将高级神经活动划分为 4 种基本类型，即不可抑制型、活泼型、安静型和弱型。神经系统的基本类型是气质的生理基础，气质是高级神经系统类型的外在表现，4 种神经活动类型分别与胆汁质、多血质、黏液质和抑郁质相对应。气质类型及其表现和高级神经活动类型及其特征的关系可参照表 1–3。现实生活中，属于典型气质类型的人是很少的，大多数人是以某一类型的气质为主，同时兼有其他气质类型的特点，也就是中间型。

表 1–3　气质类型及其表现和高级神经活动类型及其特征对照表

<table>
<tr><th colspan="5">神经系统的特征及类型</th><th>气　质</th></tr>
<tr><th>强度</th><th>平衡性</th><th>灵活性</th><th>特性组合的类型</th><th>气质类型</th><th>主要个人气质</th></tr>
<tr><td rowspan="2">强</td><td>不平衡（兴奋占优势）</td><td rowspan="2">灵活</td><td>不可抑制型（兴奋型）</td><td>胆汁质</td><td>精力充沛、情绪发生快而强、言语动作急速而敢于自制、内心外露、率真、热情、易怒、急躁、果敢</td></tr>
<tr><td rowspan="2">平衡</td><td>活泼型</td><td>多血质</td><td>活泼爱动、富于生气、情绪发生快而多变、表情丰富、思维语言动作敏捷、乐观、亲切、浮躁、轻率</td></tr>
<tr><td rowspan="2">弱</td><td rowspan="2">不灵活</td><td>安静型</td><td>黏液质</td><td>沉着冷静、情绪发生慢而弱、思维语言动作缓慢、内心少外露、坚毅、执拗、冷漠</td></tr>
<tr><td>不平衡（抑制占优势）</td><td>弱型（抑制型）</td><td>抑郁质</td><td>柔弱易倦、情绪发生慢而强、感情不易外露、富于想象、语言动作细小无力、胆小、忸怩、孤僻</td></tr>
</table>

（三）气质差异与管理

1. 气质与组织管理

1）气质与人员配置

一个人的气质不能决定他的社会价值，也不能决定其工作成就。但现实中每一种职业和工作都有特定的性质和内容，对工作人员的气质都有一定的要求，二者相符时，个体工作起来会比较轻松，工作效率也比较高。因此，管理者安排工作时应注意考察员工的气质类型，遵守两个原则：一是气质的适应原则，二是气质的互补原则。不同气质类型的人在一起工作，可以促进不同气质类型人之间的行为互补，有利于工作任务的完成，提高工作效率。

2）气质对团队构成的影响

组织中人际关系的协调受多种因素的制约，气质类型是其中一个重要方面。气质的相辅和互补有利于提高工作效率。例如，多血质和胆汁质的个体热情主动，善于与人交往，因而易于与人建立友好的人际关系，黏液质和抑郁质的个体内向、拘谨，在人际关系中处于被动地位。团队成员进行组合时，应考虑气质特征对人际关系的影响，使其更加协调。

2. 气质与安全管理

（1）气质差异与管理方式。员工的气质类型各有差异，管理中要针对不同气质类型的人采用相应的方式、方法。例如，针对工作中的违规操作，对于胆汁质的人从严要求，明确指出问题并强调掉以轻心的后果，必要时进行严厉批评；对于黏液质的人需加强督促，设定任务目标，逐步改善行为习惯并培养他们迅速解决问题的能力；对于抑郁质的人应多鼓励、少批评，尤其不应当众批评。

（2）人员选拔和工作安排。生产过程中，对于带有不安全因素的岗位，在进行人员的选拔和配置时要着重考察气质类型。有些工种（如流水作业线的装配工）需要反应快、动作敏捷、活泼好动、易于与人交往的人去担任；有些工种（如铁路看守道口的道口工）则需要仔细的、情绪比较稳定的、安静些的人去担任。又如，行车班组司机和副司机的搭配，应注意将具有不同气质类型特点的人加以搭配，做到气质互补。

（3）管理沟通和情绪疏导。管理者与不同气质类型的员工沟通，以及进行情感管理时要因人而异。例如，对一些抑郁质类型的人，因为他们不愿意主动找人倾诉自己的困惑，常把一些苦闷和烦恼埋在心里，管理者应主动找他们谈心，消除他们情感上的障碍，使他们保持良好的情绪，以利于安全操作。

第二节 价值观和态度

一、价值观

（一）价值观的概念

价值观是指一个人对周围的客观事物（包括人、事、物）的意义、重要性的总评价和总看法。人们对于诸事物的看法和评价及其在心目中的主次、轻重的排列次序，就是价值观体系。

遗传是影响价值观的部分因素，民族文化、父母行为、教师、朋友及类似的环境因素也会影响一个人价值观的形成。价值观会影响一个人的态度和行为，当自己的价值观与组织的价值观相一致时，就会起到积极的作用，进而促进个人的进步；反之，会降低员工的工作积极性。对轨道交通司机的安全性进行评价时，可设置组织价值观的一些情境对轨道交通司机进行考察，剔除与组织价值观（如责任感、安全意识等）不符的司机，保障行车安全。

（二）价值观的类型

1. 奥尔波特的价值观研究

德国哲学家斯普朗格在《人的类型》一书中提出了六种类型的价值取向：经济的、理论的、审美的、社会的、政治的和宗教的。受此影响，心理学家奥尔波特等人编制了《价值观研究量表》，用于测量和研究不同的价值观偏好。表 1–4 是六种价值观取向的人的特点。

表 1–4 奥尔波特的六种价值观

类型	价值观特点
理论型	重视以批判和理性的方法寻求真理
经济型	强调有效和实用

续表

类型	价值观特点
审美型	重视外形与和谐匀称的价值
社交型	强调对群体和他人的服务
政治型	重视拥有权力和影响力
宗教型	关注信仰的意义

2. 罗克奇的分类

米尔顿·罗克奇设计了罗克奇价值观调查问卷（Rokeach value survey，RVS），它包括两种价值观类型，每一种类型中有 18 项具体内容。一种类型称为终极价值观，指的是一种期望存在的终极状态，它是一个人希望通过一生来实现的目标；另一种类型称为工具价值观，指的是偏爱的行为方式或终极价值观的手段。表 1–5 列出了每一种价值观的范例。

表 1–5 罗克奇的终极价值观和工具价值观

终极价值观	工具价值观
舒适的生活（富足的生活）	雄心勃勃（勤奋工作）
振奋的生活（刺激的、积极的生活）	心胸开阔（开放）
成就感（持续的贡献）	能干（有能力、有效率）
和平的世界（没有冲突和战争）	欢乐（轻松、愉快）
美丽的世界（艺术与自然的美）	清洁（卫生、整洁）
平等（机会均等）	勇敢（坚持自己的信仰）
家庭安全（照顾自己所爱的人）	宽容（谅解他人）
自由（自由选择）	助人为乐（为他人的福利工作）
幸福（满足）	正直（真挚、诚实）
内在和谐（没有内在冲突）	富于想象（大胆、有创造性）
成熟的爱（性和精神上的亲密）	独立（自力更生、自给自足）
国家的安全（免遭攻击）	智慧（有知识的、善于思考的）
快乐（快乐的、闲暇的生活）	符合逻辑（理性的）
救世（救世的、永恒的生活）	博爱（温情的、温柔的）
自尊（自重）	顺从（有责任感的、尊重的）
社会承认（尊重、赞赏）	礼貌（有礼的、性情好的）
真挚的友情（亲密关系）	负责（可靠的）
睿智（对生活有成熟的理解）	自我控制（自律的、约束的）

（三）组织价值观与安全管理

管理者必须重视价值观的变化及其对组织行为的影响。对于轨道交通管理部门来说，一方面，应使组织安全管理工作适应轨道交通司机普遍存在的价值观，如在组织活动中尊重个人权利、倡导安全和负责的价值观等，这样才能得到员工的认可，从而获得可以持续发展的空间；另一方面，管理者要注意树立和培植新的价值观，如随着高速铁路“走出去”战略的实施，许多轨道交通企业推崇让旅客满意、旅客至上等价值理念。

二、态度

（一）态度的内涵

态度是个体在社会实践过程中形成的对客观事物的认知评价和心理倾向。一般而言，态度是内在的，主要是通过人们的言论、表情和行为来反映。态度的对象既可以是具体的人和事物，也可以是抽象的概念（勤劳、勇敢、社会制度等）。可以说，态度是人们对态度对象表现出支持或反对、肯定或否定、喜欢或厌恶，并由此激发出来的一种行为准备状态。态度的心理结构主要由三个要素组成：认知成分、情感成分和意向成分，如表 1–6 所示。

表 1–6　态度的心理结构组成要素

要素	含　义	例　子
认知	态度的观点或信念	工作时，吸烟会导致安全事故
情感	态度的情绪或感情体验	我讨厌烟味，反感他人工作时吸烟
意向	对态度对象的反映倾向	我不选择抽烟

（二）态度的形成

态度是人在与社会环境相互作用的过程中逐渐形成的，态度的形成或改变是逐步深化的过程。凯尔曼将态度形成和转变过程概括为服从、认同和内化三个阶段。

（1）服从。指个人为了获得奖酬或避免惩罚，按照社会的需要、群体的规范或别人的意志而采取的表面服从行为。这一阶段人的态度和行为的特点是：态度受外部压力的影响或受外力的诱惑而被迫顺从，但内心并不认同，即使改变行为也是暂时性的。长期改变并逐渐习惯后，就转化为自觉服从。

（2）认同。指接受他人的观点与行为的影响，是自己的态度与外界要求接近的阶段，这时态度认知成分和情感成分上都发生了很大变化，“相信”他人的观点、行为、态度是正确的，情感体验也趋于一致。

（3）内化。新观点和新思想已经纳入了自己的价值体系之中，与个体的体验完全融合一致，产生了强烈的行为意向，这就是新态度完全形成和旧态度彻底改变的阶段。内化是态度形成中最稳固、最持久的阶段。

（三）态度的类型

组织中，有三个方面的态度是最令人家关注的，这三种态度常常被当成研究主题和预测变量。

（1）工作满意度（job satisfaction）。指个体对工作本身及工作环境的一般态度。其中包括对工作状态、工作方式、工作压力、挑战性、工作中的人际关系等的态度。一个人的工作满意度越高，就越有可能在工作中表现出积极的情绪，而工作满意度越低，则意味着对工作持较低的评价和消极的情感。退出–建言–忠诚–怠工（EVLN）模型解释了员工对工作不满意的四种反应[①]，如图 1–2 所示。

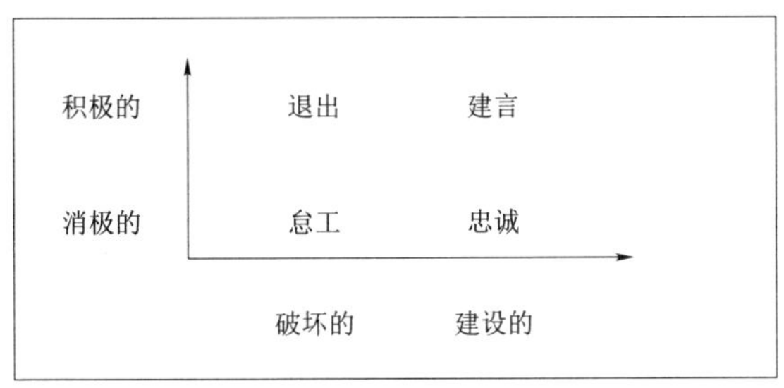

图 1–2 员工对工作不满意时的反应

① JOHN S H, RALPH L K, HOWARD R. Smart choices. Boston: HBS Press, 1999: 20–23.

① 退出（exit）。指员工离开组织，包括辞职、寻找新的工作岗位等。

② 建言（voice）。指员工采取主动的、建设性的努力来改善工作条件，包括提出改进建议、主动与上级或其他团队一起讨论面临的问题等。

③ 忠诚（loyalty）。指员工被动但乐观地等待工作条件的改善，包括面对外部批评时为组织说话，相信管理层及组织会做出“正确的事”等。

④ 怠工（neglect）。指员工被动地听任事态越来越糟，包括长期缺勤或迟到、降低努力程度和增加失误率。

实际工作中，员工对工作不满意时选择哪种行为受到员工自身的人格特质、过去的经验、忠诚度及现实情况等因素的影响。例如，责任感强烈的员工更可能采取建言而不是消极怠工的行为；过去有过建言失败经历的人对工作再次产生不满意时更倾向选择退出或怠工；忠诚度高的员工更倾向选择建言，而忠诚度低的员工则可能选择退出；当市场的空缺职位较少时员工不倾向选择退出。

（2）工作投入（job involvement）。指个体在心理上对工作本身的认同，以及认为其绩效水平对自我价值的重要程度。研究表明，工作投入高的员工对工作有强烈的认同感，出勤率更高，离职倾向更低。

（3）组织承诺（organizational commitment）。指员工对于特定组织及其目标的认同，并且希望维持组织成员身份的一种态度。在组织承诺里，个体确定了与组织连接的角度和程度，特别是规定了那些正式合同无法规定的职业角色外的行为。高组织承诺的员工对组织有非常强的认同感和归属感。

学者梅耶（Mayer）和艾伦（Allen）认为组织承诺又包含着三个层次，即规范承诺（normative commitment）、继续承诺（continuance commitment）和感情承诺（affective commitment）。规范承诺是个体因社会责任而留在组织中的承诺，由于长期受到社会规范的影响而并非出于自愿采取的行为，因此作用效果也比较短暂；继续承诺是员工为了不失去已有的利益而不得不留在组织中的承诺，由于继续承诺带有浓厚的利益导向和交易色彩，一般来说，这种方法也只是留人不留心；感情承诺反映了个体对组织肯定的心理倾向和对组织回报的愿望，与组织建立起情感而非物质交换，研究表明，员工的感情承诺与工作绩效具有稳定的正相关关系。

（四）态度一致性和认知失调理论

1. 态度一致性

人们总是寻求态度之间的一致性及态度和行为之间的一致性，这就意味着个体试图消除态度的分歧并保持态度与行为的协调一致，以便使自己表现出理性和一致性。当出现不一致时，个体会采取措施以回到态度与行为重新一致的平衡状态。要做到这一点，要么改变态度，要么改变行为，或者为这种不一致找一个合适的理由[①]。

需要注意的是，态度和行为的一致性并不意味着它们之间必然有某种因果关系。态度影响行为，但未必决定行为。最新研究发现，有一些中介变量是态度与行为相关性的重要原因。比如态度、行为越具体，越针对特定的事物，它们之间的相关程度就越高；再比如社会压力既可以使态度与行为保持一致性，也可能使态度与行为相分离。此外，经验也是协调态度与行为的重要变量，因为长期的经验可以使态度和行为都变得更具适应性，与情景更加协调。

2. 认知失调理论

通常情况下，人们会努力寻求态度与行为的一致，但二者也可能存在不一致的情况。20 世纪 50 年代末期，著名社会心理学家列昂·费斯廷格（L. Festinger）提出了“认知失调理论”，借以说明态度和行为的不协调关系。

该理论认为，每个人的心理空间中包含多种多样的认知因素。随着人当前社会活动内容的不同，各种有关的认知因素会以各种组合方式并存于人的当前意识中。它们之间的关系有 3 种可能性，即协调、失调和不相关。协调和失调是针对认知因素之间是否在心理上存在矛盾而言的。费斯廷格认为，认知的不一致就意味着认知不协调或失调。

态度与行为的不一致常常会引起个体的心理紧张。为了克服这种由认知失调引起的紧张，人们需要采取多种多样的方法，以减少自己的认知失调。例如，一个人有两种认知“吸烟能导致肺癌”和“我吸烟”，这个人就会体验到认知失调，

① 王晶晶. 组织行为学. 北京：机械工业出版社， 2009：76–77.

因为由“抽烟会导致肺癌”的认知应该推出“我不吸烟”的行为。减少认知失调的方法通常有 3 种：其一，改变其中一个认知或是减少其中一个认知的重要性，使其与另一个相一致，“生命对我更重要，放弃自己的喜好，不再吸烟”；其二，增加新的认知来减少不协调，“吸烟使我精神焕发，消除疲劳对我目前的状态更重要”；其三，通过改变行为来减少不协调，“尽量少吸烟”，但一般情况下，行为比态度更难改变。

认知失调理论对管理者有着重大意义。员工都在试图减少不协调，管理者都希望把员工的辞职率和缺勤率减至最低，尽可能提高生产率、抑制员工的不良行为。当管理者对员工施以压力的时候，所使用的威胁与压力越小，所希望得到态度转变的可能性就越大，理想的威胁和压力是要达到恰好能阻止这种行为的程度。也就是说，管理方式或压力过于严厉时，员工会产生较低水平的不协调感，一旦压力解除或是压力不连续，员工不良行为发生的可能性会更大；如果施以适当的压力或是采用相对柔和的管理方式，员工反而会产生较高水平的不协调感，当管理者不在场时，不良行为会得到更大程度的抑制。

（五）态度的转变

态度形成之后具有相对的稳定性，但不是一成不变的，它会随着外界条件的变化而变化，从而形成新的态度。态度的转变有两层含义：一是态度方向的转变，如某人对某事由肯定态度变为否定态度、对工作由积极态度变为消极态度；二是态度程度的转变，如某人对某事物的态度由暧昧到明朗或由明朗到暧昧的变化。掌握态度转变的方法有利于员工个人减少失调感，也利于团队的沟通和组织管理工作。

1. 说服宣传

说服宣传是一种通过口头劝说、教育等手段改变他人态度的方法。说服宣传使用得当有助于转变态度，但其效果也受到宣传者、宣传方式等多种因素的影响。宣传说服者的威信越高，其宣传说服效果越好；提供的事实和根据越真实可信，越具有针对性，对被宣传者态度的形成与转变就越有效；对文化水平较高并持有不同看法的人，运用正、反两方面的材料进行论证效果好；对文化水平较低而又没有不同看法的人，采用正面材料论证效果好；利用“优先效应”影响被宣传者态度的形成和转变；宣传说服时逐步提出要求比一下子提很高的要求效果好；在宣传说服方式的选择上，直接的口头式宣传比间接的文字式宣传更容易促成被宣传者态度的形成和转变。

2. 参与活动

引导个体积极参与有关活动，在活动中增加其与态度对象的接触和交往，使其获得更多的信息，也将会在一定程度上促进态度的形成与转变。美国心理学家费斯廷格通过实验研究美国白人对黑人的态度转变，证明了活动对态度转变的重要性。费斯廷格设置了三种情境来研究白人对黑人态度的转变：第一种是让白人与黑人一起做纸牌游戏；第二种是让白人和黑人共同观看别人玩纸牌；第三种是双方虽然共处一室，但不组织任何活动。结果表明，第一种情境下有66%的白人对黑人显示出友好的态度；在第二种情境下有 42.9%的白人对黑人显示出友好的态度；在第三种情境下只有 1.1%的白人对黑人表示出友好态度。

3. 角色扮演

在态度形成与转变的过程中，角色扮演是一种行之有效的方法。如某护士开始对病人的态度不好，让其扮演病人角色，设身处地地体验病人的痛苦，从而能较快地转变其态度，真心实意地关心体贴病人。一个反对上级管理者运用权威来指挥工作的员工，一旦晋升高位，自己运用权威的机会增多后，就会逐渐赞成以权威来管理下属的做法。

4. 群体规范

个体的态度受他所属群体的影响，群体的规范、舆论、人际关系等，都可形成一定的压力，有效地促进个体态度的形成和转变。在群体中改变个体的态度比分别改变个体的态度要容易，而且通过群体改变个体态度的效果也比单独改变个体态度的效果更持久。现实生活中，有时仅靠宣传教育不一定起作用，而用纪律、公约和规范等强制方式，则能迫使个体态度的形成和转变。只有把群体的约束与说服教育结合起来，才可能使个体态度的形成和转变既自觉又持久。

（六）态度与安全管理

态度是影响企业管理者和员工行为的重要因素之一。人们对安全所持的态度，就是安全态度。安全态度具有一般社会态度所具有的内涵，但其特定的对象是安全作业中的安全问题。

安全态度对人的安全行为具有指导性和动力性的影响，它支配着人们在安全作业中对待安全问题应做出何种反应及如何做出反应。人们的安全态度是建立在对企业安全问题的认知基础上的，一旦形成，又会进一步指导人们更深刻地认识和评价安全工作，并决定着人们的期望和目的，驱使着人们在安全生产中趋向选择满足自己的事物，而避开不能满足的事物，并作为一种动力，始终指导人的行为。例如，持积极安全态度的人，深感安全工作的重要，对待工作认真负责，一丝不苟，严格遵守安全技术规程和安全工作制度，努力投入到实现企业安全作业目标的活动中；持消极安全态度的人，对安全工作持无所谓的态度，为了完成工作任务，不顾安全技术规程的规定，冒险蛮干。因此，不同的安全态度决定着人们的安全行为和工作方式。管理过程中，要使员工形成正确的安全态度可采取下列途径。

（1）安全宣传和信息反馈。这是一种“沟通改变法”。开展各种安全宣传活动是一种有效改变安全态度的方法，如安排各种与安全有关的报告、座谈、参观访问、观看电影等。但是，安全宣传要有的放矢，要结合企业员工的需要，尤其是及时反馈企业安全活动的成果，以激发员工积极的安全态度。

（2）加强员工的安全技术培训。这是一种“协助改变法”，即通过学习帮助员工形成积极的安全态度。员工的文化程度和安全技术水平与对安全问题的认知水平有关，进而影响安全态度的形成。企业可通过知识、技能培训及角色模拟等方式提高员工的综合素质，并创造各种条件，让员工获取安全作业所需的新知识、新方法，以协助员工逐步形成符合企业安全规范的积极态度。

（3）引导员工积极参加企业的安全活动。这是一种“接触改变法”，企业可通过全员安全管理、安全技术竞赛、安全知识竞赛、参与安全决策等方式，让员工更多地接触和参与安全工作，调节自身对安全工作的认知水平，提高安全意识，从而促使积极安全态度的形成。

（4）群体的影响。企业正确地应用管理职能有利于员工积极安全态度的形成。例如，企业制定的安全生产责任制、安全技术规程等开始仅起到一种约束作用，当人们在实践中认识到这些规章制度对企业和自己均有重要意义时，则更易于接受并认真执行，久而久之，会对安全态度的形成起到积极的推动作用。群体的影响还表现在企业领导在安全工作中的影响力（以身作则、关心职工的疾苦等）、正确运用激励机制、上下级关系协调等方面。

企业员工安全态度的形成和转变是一个复杂的心理过程，个人的态度具有内隐性，只能采取间接的方式测量（如量表法、行为观察法），从而估计人的态度之间的差距。因此，企业管理人员应仔细分析研究，采取综合措施，对职工的安全态度进行引导和逐步提出要求，促使其转化为积极的安全态度。

第三节　知　觉

一、知觉概述

工作环境中，处处都有知觉的存在。管理者需要对不同员工的表现进行知觉以做出恰当的决策，而员工在处理事务时也要首先对不同的人、事、物进行知觉。知觉的结果会直接影响个体的判断，进而也会对后续工作产生一定影响。由此可见，正确的知觉对成功的管理有着重要的意义。

（一）知觉的概念

知觉（perception）是个体为自己所在的环境赋予意义而组织和解释他们感觉印象的过程[①]。知觉研究证明，不同的个体对同一件事物的理解不同，这是因为我们没有真正认知到真实的世界，而是我们知觉到了不同的世界。

---

① 罗宾斯. 组织行为学. 7 版. 北京：中国人民大学出版社，1997：105.

知觉亦称“认识”。“认识”是人们很熟悉的心理活动，它比感觉要复杂，并常和感觉交织在一起，被称为知觉活动。感觉是人脑对直接作用于感官的客观对象的个别属性的反映。知觉是人脑对直接作用于感官的客观事物的整体反映。知觉通常是在感觉信息的基础上，由于知识经验的作用，兴趣情绪的影响，经过人脑的加工，对客观对象做出直接解释的认识过程。

空间知觉、时间知觉和运动知觉是人们认识世界最重要的知觉。知觉的形成与实践有密切的关系。除了作为知觉基础的感觉受实践的制约以外，知觉本身还受到人们在实践中所形成的知识、经验、需求、兴趣、情绪、愿望、主义等各种因素的影响。不同的个体对同一对象的个别属性的感觉即使相同，对这一对象的知觉也可能有很大的差异。例如艺术鉴赏家和珠宝商人对同一颗钻石的知觉就会有明显的不同。对某个对象缺乏最低限度的知识准备和经验储备的人，即使有了关于这一对象的个别属性的全部感觉，也不能形成关于这一对象的确定的知觉。例如一个没有受过专门训练的人看一张X射线的医学照片，他就不能对照片所反映的人体状况形成确定的知觉。

我们的知觉之所以能对客观事物做出整体反映，是因为：一方面，客观事物本身就是由许多个别属性组成的有机整体；另一方面，我们的大脑皮层联合区具有对来自不同感觉通道的信息进行综合加工分析的机能。

（二）知觉的特性

人对于客观事物能够迅速获得清晰的感知，这与知觉所具有的基本特性是分不开的。知觉具有选择性、整体性、理解性和恒常性等特性。

1. 选择性

知觉的选择性在于把一些对象（或对象的一些特性、标志、性质）优先地区分出来。客观事物是丰富多彩的。在某一时刻，作用于人的感觉器官的刺激也是非常多的，但人不可能对同时作用于他的刺激全都清楚地感知到，也不可能对所有的刺激都做出相应的反应。在同一时刻，人们总是对少数刺激知觉得格外清楚，而对其余的刺激，知觉得比较模糊。这种特性被称为知觉的选择性。知觉显得清楚的部分称为知觉的对象，知觉显得模糊的部分称为知觉的背景。知觉的选择性揭示了人对客观事物反应的主动性。

知觉的选择性既依赖于个人的兴趣、态度、需要及个体的知识经验和当时的心理状态，也依赖于刺激物本身的特点（强度、活动性、对比）和被感知对象外界环境条件的特点（照明度、距离）。知觉中对象和背景的关系并不是固定不变的，而是随一定的主、客观条件经常转换。

在知觉过程中，强度大的、对比明显的刺激容易成为知觉的对象。在空间上接近、连续，形状上相似的刺激也容易成为知觉的对象。在相对静止的背景上，运动的物体容易成为知觉的对象。刺激的多维变化比单维变化更容易成为知觉的对象。此外，凡是与人的需要、愿望、任务及过去经验联系密切的刺激，都容易成为知觉的对象。

2. 整体性

人在知觉客观对象时，总是把它作为一个整体来反映，这就是知觉的整体性。知觉对象是由许多部分组成的，虽然各部分具有不同的特征，但人们并不把对象感知为许多个别的、孤立的部分，而总是把它知觉为一个统一的整体。刺激物的性质、特点和知觉物的主体经验是影响知觉整体性的两个重要因素。一般来说，刺激物的关键部分、强的部分在知觉的整体性中起着决定作用。有些物理、化学强度很弱的因素，因与人的生活实践密切相关，也会成为很强的刺激成分。例如，走进教室，人们不是先感知桌椅后感知黑板、窗户，而是完整地同时反映它们。

3. 理解性

知觉的理解性表现为人在感知事物时，总是根据过去的知识经验来解释它、判断它，把它归入一定的事物系统之中，从而能够更深刻地感知它。从事不同职业和有不同经验的人，在知觉上是有差异的。例如，工程师检查机器时能比一般人看到、听到更多的细节；听一首歌，如果是会唱的，才放一个片段就会知道是哪首歌，并知道后面的旋律是什么。对歌曲的熟悉程度决定了一个人能知觉出那首歌所需的片段长短。

知觉的理解性受到多方面影响。一是言语指导，如天空中的云彩、自然景色中的巨石形状，在感知时加以言语的描述，很快就能知觉到云彩和巨石的特征。二是受到知觉目的影响。当知觉有针对性、任务明确时，知觉就会清晰；而在无任务的状态下对同一事物的知觉是模糊的。三是与对知觉对象的态度有关。如果对知觉对象抱有消极的态度，就不能深刻地感知客观事物；只有对知觉对象发生兴趣，抱积极的态度才能加深对它的理解。此外，经验也非常重要，有经验的心理学家可以从一个人的眼神、动作、言语知道他心里想的是什么。

4. 恒常性

当知觉的对象在一定范围内改变时，知觉的映像仍然保持相对稳定性，知觉的这种特性称为知觉的恒常性。

视觉的恒常性表现得特别明显。例如，过去就认识的人，绝不会因为他的发型、服装的改变而变得不认识；教师判断学生的错别字，如“尖端科学”，不会因“端”字写成了“瑞”字，而不去感知尖端科学。再例如，一个人站在离我们不同的距离上，他在我们视网膜上的空间大小是不同的，但是我们总是把他知觉为一个同样大小的人。一个圆盘，无论如何倾斜旋转，事实上所看到的可能是椭圆甚至线段，但我们都会当它是圆盘。在强光下煤块反射的光亮远远大于暗处粉笔所反射的光亮，但这不妨碍我们感觉煤块的颜色比粉笔深。知觉的恒常性还普遍存在于其他各类知觉中。例如同一支乐曲，尽管演奏的人不同，使用的乐器也不一样，我们总是把它知觉成同一支乐曲①。

知觉的恒常性是由于客观事物具有相对稳定的结构和特征，而且我们对这些事物有比较丰富的经验。这些经验可以校正感受器所感受到的不完全的，甚至歪曲的信息，从而使知觉保持恒常性。

对轨道交通司机的知觉特性的研究表明，那些善于从复杂的道路环境中把嵌入其中的隐蔽信息目标识别出来的人，属于现场独立性的知觉类型；而那些很难从道路环境中把隐蔽信息目标识别出来的人，则属于现场依赖性的知觉类型。一般来说，具有现场依赖性知觉类型的轨道交通司机，知觉的选择性和恒常性较差，他们对凸显信息、微弱信息、先兆信息和潜伏信息识别的时间较长，更难以从变化了的外界条件中，迅速识别出直接影响交通安全的交通标志、指挥信号及其他必要信息。这部分人属于事故多发者，通过训练，可以提高他们的知觉探测效率，

① 卢国. 不同强度下定向运动员知觉能力变化特点的研究［D］. 长春：东北师范大学，2008：15–17.

但不能彻底改变他们的知觉类型[①]。

（三）知觉的种类

知觉可根据其知觉过程中某种感觉器官起主导作用而分为视知觉、听知觉、嗅知觉和触知觉等；知觉还可根据客观事物的存在形式和固有属性分为时间知觉、空间知觉和运动知觉等。本书借鉴学者马骏对道路交通驾驶员感知特性的论述，仅对与行车安全关系比较密切的时间知觉、空间知觉和运动知觉的特性及其常见的错觉进行分析。

1. 空间知觉

空间知觉是人对物体空间关系的反应。空间知觉包括形状知觉、大小知觉、深度知觉、距离知觉和方位知觉。与道路交通相比，轨道交通列车主要靠列车智能系统去控制两车的空间距离。然而，空间知觉受外部环境影响较大，如天气晴朗时，远处的东西看起来较清晰，人们误以为近些；相反，天气灰暗或有风沙时，近处的东西可能看起来较远。

2. 时间知觉

时间知觉是客观事物和时间的连续性、顺序性在人脑中的反映。知觉时间必须通过各种媒介间接进行，因此司机只有在时间过去之后才能对其做出估计。时间知觉的依据包括自然界周期变化、有机体各种节律性活动和计时工具。时间知觉与行车安全密切相关。轨道交通司机的时间知觉直接影响其对时间间隔的估计，也会影响其对通过前方障碍物先后顺序的判断。这两方面的失误，往往导致紧急场合措手不及或操之过急，严重时会酿成交通事故。

3. 运动知觉

物体的运动特性直接反映在人脑中，被人察觉，就是运动知觉。运动知觉对人的行为意义重大，比如球类运动员需要判断球的距离、速度，汽车司机必须估计其他车辆的驾驶速度及与自己车辆的距离等。轨道交通司机在通过交叉路口、绕过障碍物和感受转弯处的极限速度时都靠运动知觉感受列车速度的变化。如果

---

① 马骏. 论驾驶员的感知特性及安全管理对策. 公路交通科技，2000，17(5)：91–92.

轨道交通司机不能正确判断列车速度和其他相关车辆的速度，就很难做到及时制动和变速，可能会贻误时机，使交通状况复杂化，导致交通事故。

二、社会知觉

社会知觉（social perception）是人们在社会情景中对人的心理、行为及特性进行推断和判断的过程。它包括对他人、对自己和对群体的知觉。从知觉客体来看，它不仅指对个人的知觉，而且也包括对群体的知觉。从知觉主体来看，不仅个体，而且群体也可以视为知觉主体，如群体对其成员的知觉、群体对其他群体的知觉、群体对其他群体成员的知觉、群体对自身的知觉等。对他人的、对群体的知觉是人际知觉，对自己的知觉是自我知觉。此外，对行为原因的认知也属于社会知觉的范围。在轨道交通司机的安全管理过程中，人际交往是不可避免的，在这种情境下，我们的知觉对象主要是人。社会知觉是个体的一种特殊的社会意识形态，它影响着个体的心理活动，能对个体社会行为起到调节作用，包含着协调人际关系及调动人的自觉性、主动性、积极性和创造性的主要心理成分。

由于知觉的主体、客体都是人，且人具有强烈的主观能动性，因而社会知觉非常复杂，知觉者和被知觉者总是处在相互影响和相互作用的状态，双方的关系、相对地位、价值观念、个性、社会经验和知觉对象行为的真实程度等，都可能成为重要的影响因素。我们把在认识他人、形成有关他人印象的过程中，由于知觉主体与知觉客体及环境因素的作用造成的知觉偏差称为社会知觉偏差。总体来看，社会知觉偏差主要包括以下几种。

1. 选择性知觉（selective perception）

个体不可能接收所有观察到的信息，因此他们有选择性地知觉。他们接收零散性的信息，但这些零散信息并不是随机产生的，而是观察者依据自己的兴趣、背景、经验和态度主动选择的。选择性知觉使我们能“快速”了解他人，但同时也有信息失真的风险。例如，在一个综合的商业策略案例中，当被问及安全中最关键的问题时，每一个管理者均选择与其职责、领域相一致的问题：市场部负责人大多视销售为最关键的问题；而生产部门的人则倾向于认为生产是最关键的问题。在一些极端的案例中，我们的情绪过滤掉大量威胁我们信仰和价值观的信息，这一现象被称为知觉防御。知觉防御在保护我们自尊的同时，也可能形成一种缓解压力的短期机制。

2. 首因效应（first impression）

首因效应指的是人们对他人总体印象的形成过程中，最初获得的信息比后天获得的信息影响更大，而且这种影响可能会在很长一段时间内左右人的判断的现象。比如，我们在工作中，对于第一次接触的客户都会比较谨慎，因为第一次合作如何直接关系着再次合作的可能性。

美国心理学家卢钦斯通过编撰两段文字作为实验材料研究了首因效应现象。文字中描述了一名叫吉姆的男孩的生活片段。第一段文字将吉姆描写成一个热情外向的人；另一段文字则相反，把他描写成一个冷淡而内向的人。例如，第一段中说吉姆与朋友一起去上学，走在洒满阳光的马路上，与店铺里的熟人说话，与新结识的女孩子打招呼等；第二段中说吉姆放学后一个人步行回家，他走在马路的背阴一侧，他没有与新结识的女孩子打招呼等。在实验中，卢钦斯把两段文字加以组合：

第一组，描写吉姆热情外向的文字先出现，冷淡内向的文字后出现；

第二组，描写吉姆冷淡内向的文字先出现，热情外向的文字后出现；

第三组，只显示描写吉姆热情外向的文字；

第四组，只显示描写吉姆冷淡外向的文字。

卢钦斯让四组被试分别阅读一组文字材料，然后回答问题：“吉姆是一个什么样的人？”结果发现：第一组被试中有 78%的人认为吉姆是友好的；第二组中只有 18%的被试认为吉姆是友好的；第三组中认为吉姆是友好的被试有 95%；第四组中只有 3%的被试认为吉姆是友好的。

这项研究结果证明，信息呈现的顺序会对社会认知产生影响，先呈现的信息比后呈现的信息有更大的影响作用。

3. 近因效应（recent effect）

近因效应是指人们根据当前的行为来进行判断所造成的错觉。例如年终绩效考核时，主管常常考虑给予那些近期表现良好的员工以更高的分数。也就是说，新近获得的信息比原来获得的信息对他们的社会知觉起到了更大的影响作用。

研究发现，近因效应一般不如首因效应效果明显和普遍。在印象形成过程中，当不断有足够引人注意的信息，或者原来的印象已经淡化时，新近获得的信息作用就会较大，就会发生近因效应。个体特点也会影响近因效应或首因效应的发生。一般心理上开放、灵活的人容易受近因效应的影响；而心理上保持高度一致，具有稳定倾向的人，容易受首因效应的影响。

4. 投射效应（projection effect）

如果我们假定别人与我们相似，则很容易判断别人的特点。投射效应是指观察者对他人的知觉受到个体自身的影响远超过被观察者特点的影响。比如，如果你希望自己的工作富有挑战性并能够自己负责，则会假定别人也同样希望如此。当观察者与观察对象十分相像时，观察者会做出准确判断，但只是在他们判断的人与他们十分相像时才准确，在其余时刻他们的判断是错误的。

5. 刻板效应（stereotype effect）

当以某人所在的团体知觉为基础判断某人时，我们使用的捷径称为刻板印象。“已婚雇员比未婚雇员刻板”“团体中成员不希望所在团体发生大的变动”是刻板的例子。某种程度上刻板印象是事实的总结，它帮助人们做出精确的判断。但是很多刻板效应没有事实基础，可能会使判断失真。

刻板效应指人们对社会上某一类事物产生的比较固定的看法，也是一种概括而笼统的看法。人们由于地理、经济、政治、文化等条件聚集在一起，所以在完成社会认知的时候，聚集在一起的人们往往具有相同的特征，并对不同职业、地区、性别、年龄、民族等群体形成较为固定的看法。当人们采用这些较为固定的看法去识别一个具体的人，去对他进行判断、推测和概括的时候，就有可能出现偏差，这就是社会刻板效应。例如，人们通常觉得英国人有绅士风度、聪明、因循守旧、传统、保守，美国人民主、天真、乐观、热情，法国人爱好艺术、轻率、热情、开朗，等等。

社会刻板效应是对社会群体最简单、经济的认识，它有利于对某一群人做概括的了解，但也容易使人产生“先入为主”的偏见，造成社会认知的偏差，阻碍人与人之间的正常交往。社会刻板印象之所以会形成，主要有以下原因：① 认知者总是希望根据较少的信息做出全面的推论；② 每一个群体都会有自己独特的目标，因而同一群体中的个体就会有许多的相似之处；③ 接触机会的限制使人形成了刻板印象，又由于缺乏直接接触的机会，因而印象难以改变；④ 社会刻板印象可以满足人们的需要，刻板常常与人们的利益或价值发生关系，而且还可以快速补充社会认知过程中的确实信息；⑤ 自然环境和文化背景的影响等。

社会刻板印象在社会认知过程中既有积极的作用，又有消极的作用。它能够帮助人们提取信息，加快信息加工，提高解决问题的效率，提供给社会认知者所需要的信息。但它又往往会造成社会知觉中的以偏概全，使社会知觉出现偏差。当然，社会刻板印象也不是一成不变的。人的文化水平越高，他所持的社会刻板印象就越容易改变。另外，一个人对社会刻板印象的性质越了解，他也越容易改变自己所持的社会刻板印象。

6. 晕轮效应（halo effect）

当我们以个体的某一特征，如智力、社会活动力或外貌为基础，形成一个总体印象时，我们就受到了晕轮效应的影响。

晕轮效应是指人们对他人的认知判断主要是根据个人的好恶得出，然后再从这个判断推断出认知对象其他品质的现象。如果认知对象被标明是“好”的，他就会被“好”的光环笼罩着，并被赋予一些好的品质；如果认知对象被标明是“坏”的，他就会被“坏”的光环笼罩着，他所有的品质都会被认为是坏的。

晕轮效应对组织成员的绩效评估、人事任用方面会产生影响。如果一个主管人员特别看重下属的服从，一个听话的下属很容易得到较高的评价分数；反之，一个不会投领导所好的人，尽管工作兢兢业业，能力和业绩也不错，但不一定能得到应有的评价。为防止此类现象的发生，在绩效评价时，应首先区分评价的绩效维度，每一维度对应一个明确的操作性定义，按不同维度对所有的员工分别进行评价，以降低晕轮效应的消极影响。

心理学家戴恩等人曾用实验证实了晕轮效应的存在。他们让被试看一些人的照片，这些照片看上去分别是无魅力的、中等的和有魅力的，然后，研究者让被试评定这些人的照片，而这些特点原本可能与有无魅力是无关的，但评定的结果却显示，有魅力的人得到了最高的评价，无魅力的人得到了最低的评价。具体的评价结果见表 1–7。

表 1–7 关于晕轮效应的研究 %

	无魅力者	中等者	有魅力者
受欢迎性	56.31	62.42	65.39
婚姻的美满	0.37	0.41	1.70
职业地位	1.70	2.02	2.25
做父母的能力	3.91	4.55	3.54
社会和职业幸福	5.28	6.34	6.37
一般幸福	8.83	11.60	11.60
结婚的可能性	1.52	1.83	2.17

戴恩的研究说明，当人们由于认知对象的外表魅力而对其产生了好感或坏感以后，就会据此对认知对象的其他品质或特点进行信息整合，这些其他信息也就被笼罩上了“好”或“坏”的晕轮。

三、归因

人们在认知过程中，总会根据观察到的行为或事件来推断其产生的原因，这就产生了归因的问题。归因（attribution）就是人们对他人或自己的行为、特定事件进行分析，试图解释行为或事件原因的过程。例如，某个员工的工作绩效很差，他的主管就有必要搞清楚员工低绩效的原因，进而提出改进建议。

归因的基本假设是：如果个体能够理解事件的原因，他们就会更好地影响或控制未来事件发生的方式。一般的归因过程如图 1–3 所示。一个员工看到自己被评为优秀员工是因为自己杰出的表现，他会决定继续高水平地表现自己；相反，

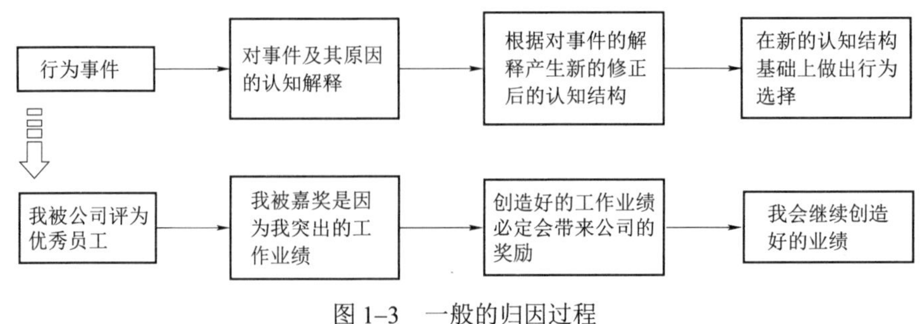

图 1–3 一般的归因过程

如果他认为自己被评为优秀员工是因为大家轮流当先进，这次轮到自己，他就不会努力地去争取高绩效了。所以，人们看待和解释周围事件的方式，很大程度上影响人们未来的行为。

（一）归因理论

归因理论（attributtion theory）是说明和分析人的行为活动因果关系的理论。人们用它来解释、控制和预测相关的环境及随这种环境而出现的行为。因而也称“认知理论”，即通过改变人们的自我感觉、自我认识而改变和调整人的行为理论。管理者要善于应用归因理论对员工的行为和自己的行为及时、准确地归因，从而更好地预测、控制和引导员工的行为，调动员工的积极性，进而提升管理的有效性。这里主要介绍海德的二元归因论、凯利的三维归因理论及韦纳的四因素归因理论。

1. 海德的二元归因论

海德（F. Heider，1958）最早在社会认知理论和人际关系理论的基础上提出了归因理论，成为归因理论的创始人。他将自己的研究称为“朴素心理学”。海德认为，人的外在行为表现背后的原因分为内因和外因两种：内因即个人所拥有的、直接导致其外在行为表现的品质或特征，包括人的个性、情绪、动机、需要、能力、努力程度等；外因是指外在原因，属于环境，包括外界条件、情境特征和其他人的影响等。内因和外因对人的行为表现所起的作用不同，但两者之间又相互作用。一般而言，内因是行为表现的根本原因，外因是行为表现的条件，外因要通过内因来起作用，内因则受外因影响和制约，两者共同决定人的行为。

这一理论后来被发展成“控制点”假设。控制点是指人们在个性上有一种比较稳定的归因倾向。倾向于外部归因的人属于“外控型”，倾向于内部归因的人属于“内控型”。比如，一个员工工作绩效降低，外控型的领导一般会将其归因于该员工身体状况不好、烦心事太多；而内控型的领导则会认为这是由于该员工骄傲自满、不愿再努力工作等因素造成的。

琼斯和戴维斯的相应推断理论（theory of correspondent inference）扩充和发展

了海德的归因理论。该理论认为通过人的外显行为可以推断出其内在动机和人格特质。他们系统性地探索了人的行为究竟是由情景决定的，还是由人的内在属性决定的。

从外显行为推断内在特质的过程中应考虑三个因素。

（1）社会赞许性（social desirability）。“社会赞许”是指某一行为是社会一般人所希望、期待、接受的。大多数人越喜欢的行为，其社会赞许性越高。合乎社会规范或社会期望的行为很难反映一个人的内在特质；行为的社会赞许性越小，本质归因的可能性就越大，相应推断的可靠性就越高。

（2）非共同效应（noncommon effects）。非共同性（或称独特性）是推断个性本质的重要因素。行为中的非共同性因素越少，相应推断的可靠性就越高。

（3）选择自由性（freedom of choice）。如果某人的行为是自由选择的，那么其行为与其态度很可能是一致的，否则就难以做出相应的推断。

2. 凯利的三维归因理论

在归因理论中，凯利（H. Kelly）提出的三维归因（the cube theory）理论影响最大。1967 年美国社会心理学家凯利发表《社会心理学的归因理论》，对海德的归因理论进行了又一次扩充和发展。凯利根据共变原则提出了一个试图全面解释归因过程的理论。在凯利的理论中，行为原因有可能来自三个方面，即行为者主体、行为指向的对象和行为发生的环境，归因就是要在这三者中找到行为发生的主要原因。其中，行为主体是内部原因，行为指向对象和行为发生的环境属于外部原因。他据此提出了归因所依据的三个原则。

（1）一致性原则。将行为主体的行为和他人的行为相比较，看他的行为表现是否与众不同。相同，则一致性高；不同，则一致性低。

（2）一贯性原则。将行为主体的行为根据时间和空间的不同进行对比。如果行为的发生在时间和空间上具有稳定性，则一贯性高；反之，则一贯性低。

（3）差异性原则。看行为主体的行为表现是否因行为对象而异。如果行为主体的某种行为表现因事而异或因人而异，则差异性高；反之，则差异性低。图 1–4 概括了归因理论中的关键因素。

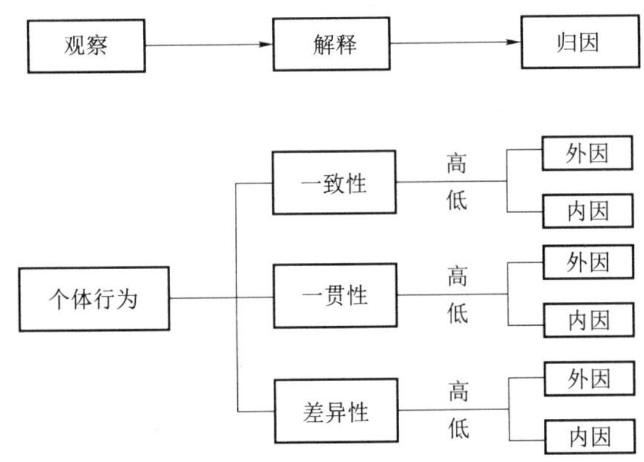

图 1–4 凯利的归因理论

现在以教授甲批评学生乙一事为例，学生受到批评可能是因为他懒惰；可能教授很严厉，总爱批评人；也可能是环境问题，使教授甲误解了学生乙。下面通过三个原则的组合可以得出以下归因：① 如果其他教授都不批评学生乙，教授甲总批评学生乙，教授甲也总批评其他学生，那么一致性低、一贯性高、区别性低，此时应归因于教授甲；② 如果每个教授都批评学生乙，教授甲总批评学生乙，教授甲不批评其他学生，那么一致性低高、一贯性高、区别性高，此时应归因于学生乙；③ 如果其他教授都不批评学生乙，教授甲也不总批评学生乙，教授甲对其他学生未加评论，那么一致性低、一贯性低、区别性高，此时应归因于环境。

3. 韦纳的四因素归因理论

心理学家韦纳（B. Weiner）认为，人们对自己的成功和失败主要归因于四个方面的因素：努力、能力、任务难度和机遇。这四个因素可以根据内外因、稳定性和可控性这三个维度进行分类。韦纳的归因模式如表 1–8 所示。

表 1–8 韦纳的归因模式

归因维度 \ 归因因素	努力	能力	任务难度	机遇
内外因	内因	内因	外因	外因
稳定性	不稳定	稳定	稳定	不稳定
可控性	可控	可控	不可控	不可控

人们对工作成功和失败的归因模式对随后的心理感受和行为反应有很大影响。人们对自身的行为的归因模式及其相应的心理与行为反应如表 1–9 所示。

表 1–9 归因模式及其相应的心理、行为反应

行为结果 归因模式	成　功	失　败
能力、努力	满意、自豪	挫折、羞愧
任务难度、机遇	幸运、感激	不满、敌意
能力、任务难度 努力、机遇	工作努力 积极性提高/降低	降低努力 积极性可能提高

韦纳认为，每一个维度对动机都有很重要的影响。在内外因维度上，如果将成功归因于内部因素，会产生满意、自豪感，从而提高动机水平；归因于外部因素，则会感到幸运，有时会产生侥幸心理。如果将失败归因于内部因素，则会产生羞愧的感觉；归因于外部因素，则会对自己的境遇感到不满，非常生气。

在稳定性维度上，如果将成功归因于稳定因素，会产生自豪感，从而提升自己的努力程度；如果将成功归因于不稳定因素，则积极性难以预测。如果将失败归因于稳定因素，则会降低努力程度。如果将失败归因于不稳定因素，则积极性可能会提高，但不确定。在可控性维度上，如果将成功归因于可控因素，则会由于满意和自豪感提升而积极地去争取成功；如果将成功归因于不可控因素，就会感到不满，行为上表现出敌意。

归因理论已被广泛应用于组织行为学的研究中。Mitchell 于 1979 年正式提出了领导的归因理论（attribution theory of leadership）。该理论认为领导与成员对彼此的认识、判断会受到对方归因模式、水平及结果的影响。其中，领导对成员的归因偏差将会影响到对待组织成员的方式。比如，领导将组织的成功归因于自身，而将失败归因于组织外部环境和成员；同样，组织成员对领导的归因偏差会直接影响到其对领导的信任及认同。比如，公司运营不良、绩效不佳，员工常常把这种失败归因于领导个人。领导归因理论的提出，受到了学术界和企业管理方面的关注与推崇，这一理论为把握、理解和改善领导与成员间的关系提供了很好的理论支撑。此外，归因理论也被用于工作倦怠、组织公民行为等方面的研究中。

（二）归因误差

归因假定人们是以理性的方式对所有的信息做出解释和评价的，然而现实中人们的归因行为并非是纯粹理性的，这就导致了人们在归因过程中出现了偏差，即归因偏差（attribution bias）。常见的归因偏差有三种。

（1）基本归因偏差（fundamental attribution bias）。人们在归因时往往忽视情境的影响，而高估个人因素（如智力、能力、动机、态度或人格等）的影响。例如，煤矿企业的管理者往往将高工伤率归因于雇员的行为因素，而较少考虑设备陈旧且缺乏维修等外部情境的影响。

（2）自我服务型偏差（self-serving bias）。人们倾向于更好地表现自己，对自己的成功往往做个人归因，对失败做情境归因；而对别人的成功倾向于做情境归因，对失败做个人归因。这些现象对于组织中评价工作绩效和工作表现，有重要的启示。例如，运动员常常会将成功原因归结于自己的能力天赋，而将失败归结于其他方面——休息不充分、裁判不公平、运动场地不佳或比赛气氛不好。

（3）行为者–观察者效应（actor-observer effect）。行为者将自己的活动归因于情境的需要，而观察者将活动归因于行为者的个人因素。比如说，我打了别人，对于这一事件发生的原因，作为“打人”这一事件的行为者，我会说，“我打他是因为他向我挑衅”；但作为“打人”事件的观察者，对这个事件的解释就不一样了，他可能会说，“你打人是因为你攻击性很强”。可见，人们在进行自我归因和他人归因时，结论是不一样的。在某种程度上，我们可以将行为者–观察者效应看作是对基本归因错误的补充。也就是说，我们常常将别人的行为归因于比较稳定的个人因素（基本归因错误），却倾向于将自己的行为归因于外部因素，认为自己的行为是受情境控制和影响的。

我们对人或事物进行归因的时候，并非总以理性的方式根据所得信息做出判断和评价，其结果常常会受到个体的性格、动机、情绪等多种因素的影响。管理者如何对员工行为进行归因直接会导致什么样的管理行为。比如，管理者将员工违反规章制度或违反操作规程，归因于员工对制度或规程不了解，相应就会加强这些方面的教育宣传；如果归因于明知故犯，管理者很有可能会训斥员工，既容易激化矛盾同时又不利于员工的行为改进。

四、印象管理

印象管理的思想萌生于马基雅维利主义，反映了马基雅维利对如何控制人类行为的理解。每个人在知觉他人的同时，也成为别人的知觉对象。人们都很关注别人眼中的自己，也就是自己给别人留下怎样的印象。个体试图影响和控制别人对自己的社会知觉的现象就是印象管理（impression management）。这是一种个体为了美化自己、避免自己的形象受损的积极行为，是个体高社会适应性的表现。

人们通过各种方式进行印象管理，包括衣着仪表、语言和非语言行为、举止和做事的方式等。人们通过印象管理使自己的形象符合社会期望，还可以运用印象管理在别人心中达到自己所期望的自我形象。其实，不仅是个人之间的往来如此，组织和组织之间也常常采取行动来赢得更好的印象，如清洁的环境、高素质的接待人员、隆重的欢迎手段等。

印象管理使一个人在不同场合做出不同的表现，如有经验的谈判者会在会面之前研究对方的背景和喜好，根据对方的偏好和场合需要来决定衣着及谈话的态度和策略。但这并不意味着想要借用虚假的手段达到某些目的。只要一个人不是通过印象管理来取得他人对自己的良好印象和信任，然后再做出不利于他人的事情，印象管理就是道德的。对于印象管理是好是坏的判断，还要考察其背后的动机。其实，印象管理是人际交往的润滑剂，如果一个人在一切场合，不顾交往对象而一味我行我素，往往会造成对他人的伤害，而且他也会被评价为举止粗鲁、缺乏修养。

个体在不同情境下或是对不同的人会采取不同的印象管理策略，不同性格、不同文化背景下的人采取的策略也有所不同。此外，性别差异也会造成印象管理策略的不同。在组织中，人们最常使用的印象管理策略主要有以下两种。

（1）降级防御策略。当个体试图使自己为某消极事件承担最小责任或想摆脱烦恼时，就可以使用这种策略。这类策略包括以下三种。

① 解释：试图做出解释或为自己的行为辩护。例如，自己身体不适，感觉不好，或者有其他更重要的事情要做等，因而影响了这项任务的完成。

② 道歉：当找不到合理的理由解释时，就为这一消极事件向老板道歉。这样的道歉不仅可以让人感到他的确有悔恨之意，而且也会让人觉得这样的事情以后不会再发生了。例如，确实是上班迟到了，或者的确没有按时完成任务，这时如果先解释原因，往往会引起对方的反感，而如果能先表示歉意，再做出适当解释，就更容易让人接受，也不至于影响自我形象。

③ 置身事外：当个体与进展不顺利的某事不直接相关时，他们可以私下告知上司自己与某事无直接关系。使用这种方法，常常能使自己少受不好的事情牵连。例如，当小组工作进展不顺利时，如果自己与这件事关系不大，就可以私下告诉老板，自己曾经反对这一计划，但被否决了。

（2）促进提升策略。当个体试图使自己对某一积极结果的责任最大化或者想让自己看起来比实际更出色时，会使用这类策略。

① 争取名分：当人们认为自己所做出的积极成果应得到认可时，通常会采用这种策略。例如，通过正式的渠道让人了解自己的贡献，或者通过非正式的渠道告诉关键人物自己所取得的成果。

② 宣扬：当个体已受到赞扬，但还想让别人了解自己比原来所认为的做得更多、影响更大时，常常会采用这种策略。例如，自己在小组工作上的改革，不仅使小组现在的业绩提高了，而且还使小组的竞争力增强了。

③ 揭示困难：让别人了解自己尽管存在个人或组织方面的困难与障碍，但还是取得了积极的成果，会使他人对自己有更好的评价。例如，告诉别人，今年的成绩是在克服金融危机影响的情况下取得的，别人会更加高估今年所取得的成绩。

④ 联合：确保在适当的时间被看见与适当的人在一起，以让人们了解自己与成功项目的密切关系。例如，当上级来视察时，组长总是与组员一起讨论问题，这常常会使上级觉得小组所取得的成绩与组长关系密切。

应该在何时使用何种策略，取决于个体所面对的情境。

五、工作压力

压力是人们日常生活中非常普遍的经历。20 世纪中期，加拿大内分泌学家薛利（Selye）第一次系统地提出压力（stress）的概念，随后逐渐应用到心理学、管理学等各个领域。工作压力（occupational stress）是压力研究的一个分支，20世纪五六十年代以来，人文精神在管理中得到提倡，工作压力因此备受关注。罗宾斯（Robbins）认为，工作压力是个体在面对与期望的事务有关的机会、限制时，充满不确定性的一种动态状况。Lazarus 于 1984 年基于刺激–反应视角提出交互模型，认为压力及其程度的感知不仅取决于压力源，还取决于个体对此产生的心理认知评价，同时这种评价还受到个体特征及环境的影响。

工作压力包含着良性压力和恶性压力。良性压力有助于激发个体和组织完成既定的任务目标；恶性压力则会损害员工个体的身心健康，甚至给工作安全埋下隐患，不利于组织发展。特别是对于轨道司机这类职业，铁路行业的迅猛发展带来工作环境的变化和工作负荷的增加，新速度、新技术、新设备、新规范不仅对他们的业务能力和安全驾驶能力提出了新要求，更要求他们在抗压能力和心理素质方面有相应的提升。因此，管理者在实际工作中应及时掌握员工压力的起因，帮助他们缓解职业倦怠和减少恶性压力带来的伤害。

（一）工作压力与工作倦怠

如前所述，恶性的工作压力常给员工带来一些心理问题，如焦虑、情绪化、较低的工作满意感和组织承诺，其中，工作倦怠（job burnout）是一种长期恶性压力的结果。目前被广泛使用的是 Maslach 和 Jackson 工作倦怠静态的定义，他们认为，工作倦怠是个体一种情感耗竭、人格解体和个人成就感降低的症状，是在没有精神病理学原因的前提下，个体的一种由期望所调节的、与工作相关的、烦躁不安的机能失调状态。

情绪衰竭是工作倦怠的第一个阶段，该阶段主要表现为缺乏能量、疲劳，并且感觉个人情绪资源被耗尽；疏离是工作倦怠的第二个阶段（也称人格解体），主要表现为对待工作和工作伙伴冷淡、漠不关心，以及对组织有种消极的态度，并且更倾向于严格遵守规章制度而不是适应别人的需求；第三个阶段是低效能感（也称个人成就感降低），这一阶段的特征是个人对于能够出色完成工作缺乏信心，员工会产生一种习得性无助感。

对高校教师、高级职业经理人和服装企业知识型员工的实证研究表明，工作压力普遍被认为是职业倦怠产生的重要原因，工作压力与工作倦怠有显著相关性。轨道交通司机具有职业的特殊性，本书实证检验了高铁司机工作压力与工作倦怠的关系。调研对象来自上海铁路局、广铁集团及沈阳铁路局的高铁司机。研究结果表明，高铁司机职业倦怠三个维度中“低效能感”维度得分最高，情况最为严重；“疏离”维度得分最低，情况最轻；“衰竭”维度处于二者中间。众所周知，铁路司机的工作性质程序化和反复化使得他们很难在工作中体验到变化性和创造性，长期从事这项工作显得枯燥和无趣。加之他们所处年龄阶段的心理特征（三四十岁男性渴望获得工作上的成就感日益强烈），增加了现实与期望之间的落差，因此，在高铁司机的职业倦怠中，“低效能感”表现最为突出。在高铁司机的工作压力和工作倦怠关系的研究中，研究者发现高铁司机的工作压力对工作倦怠的衰竭和疏离均有显著预测性，而对于低效能感这一工作倦怠维度不具显著预测性。

应该说，工作倦怠受到工作压力的直接影响，工作压力越大，工作倦怠相应会增加。因此，降低员工的工作倦怠感很大程度上依赖于帮助员工找到并分析工作中压力产生的原因。

（二）压力源

压力源（stressors）也称压力的起因，是指使人的生理或情绪产生负担的环境因素。和工作相关的压力源有很多，Cooper 将其概括为六个部分：工作本身因素、组织中个人的角色、工作关系与人际关系需求、生涯发展与成就、组织结构与气氛、家庭与工作的互动。

压力源具有个体差异性，不同人格特质，即使面临同一压力源，对压力的知觉结果也是不同的。比如，研究发现 A 型人格和外控者知觉压力要大于 B 型人格或内控者，这是因为 B 型人格或内控者通常具有自信、乐观等积极的性格特征，遇到紧急或危险的事件，他们更加沉着、冷静，在解决问题的过程中也能找到抵消压力的有效途径。压力源也因职业而异。我们在研究中发现高铁司机的工作压力主要来源于五个方面（影响从强到弱）：家庭社会因素、工作性质、日常管理、个人发展和工作硬件环境，如表 1–10 所示。数据显示，首先，高铁司机的主要压力与家庭成员的支持、理解有关；其次，工作性质包括工作本身的因素，如工作的自主性、工作安排是否能满足基本生理需要等；最后，管理者的沟通方式、管理过程是否公平也是高铁司机压力产生的重要来源。另外，个人的成长与升迁，以及驾驶时面临的设备环境和物理环境也会影响到高铁司机对工作压力的感知。

表 1–10 高铁司机工作压力情况

压力源	家庭社会因素	工作性质	日常管理	个人发展	工作硬件环境
得分	2.78	2.42	2.28	2.10	1.58

（三）工作压力与安全管理

高铁司机是铁路运输中的重要因素，高铁司机的工作压力状况直接影响到铁路运输的安全。管理过程中我们需要通过一些方法帮助员工缓解压力，减少员工在工作中的焦虑、抑郁甚至愤怒的情绪。针对高铁司机，可从三个方面对其压力进行疏导，即社会支持、管理辅助、个人调节。

1. 社会支持

社会支持是指同事、领导、亲人、朋友给予的情绪上的抚慰和工作上的支持。社会支持能够帮助个人解释、理解甚至消除压力源。这是因为社会支持往往能使人提高个体的自尊程度，个体通过社会反馈的信息逐渐增加了自身的工作价值感和对成功完成工作的信心。

2. 管理辅助

管理辅助可以从两个方面考虑。其一是日常管理活动中加强上、下级沟通，管理者应向员工提供更多的个性化关怀，对于员工提出的问题积极反馈，合理安排工作。比如，采用弹性工作时间，把工作时间控制在合理的范围内，通过工作安排降低工作负荷，改善高铁司机工作–生活失衡的状况。其二是对工作场所环境的改变。研究发现，身体锻炼能调节员工的呼吸和心率、降低肌肉紧张和减少胃酸，从而减少压力带来的生理上的不良反应。轨道司机驾驶过程中长期处于持续紧张状态，对身心健康极为不利，管理部门若能在工作场所开设健身中心，帮助他们制订健身计划，则有助于缓解由长时间工作导致的身体疲劳。除此之外，也可提供音乐休息室，让他们紧张的情绪通过音乐的辅助治疗得以放松和平静，以及提供娱乐活动场所，用来减少由于工作产生的孤独感。

3. 个人调节

压力的控制很大程度上依赖于个体自身的认知和调节。首先，个体要洞察压力源，找到引起压力的具体的人、事、物才能有针对性地寻找解决的途径。比如，高铁司机主要压力源中的家庭、社会因素，这与高铁司机特定岗位特征直接相关，出乘时间长，工作—家庭冲突不可调和；又如，高铁司机主要压力源中的工作性质因素，高铁司机工作目标是预知的，出乘时间基本固定，工作形式单一，工作过程中缺乏与他人的沟通交流，工作权力是受限的，职位晋升希望很小。这些压力都有很强的岗位特征，短期内很难消除，但通过个人的控制和调节是可以缓和的。其次，个体要善于通过乐观的思维和认知方式来控制自己的知觉和行为，必要时可以寻求专家帮助，配合心理咨询、药物等辅助治疗。当压力过大时，可申请暂时更换岗位或是短期休假，调适身体的同时弥补家庭。

六、知觉偏差与管理行为

随着对知觉对象及其影响因素的深入研究，人们开始在组织中应用知觉的功能来对工作进行管理、评价。同时，人们采取相应的措施，以尽量避免知觉偏差的产生，但也有个体会利用社会知觉偏差，使知觉者对自己产生好的印象，以达到自己的目的。知觉在组织中的具体应用主要有以下几种情境。

（一）人事任用会谈

企业决定是否聘任一个人，很重要的一个环节是进行聘用会谈（employment interview）。会谈就需要聘用方和被聘用者面对面接触，也就是通常所说的面试。从前面有关人际知觉特性的讨论中可知，面试官对被试者的知觉可能是歪曲的。对同一应试者，面试官强调的特质内容不同，做出的判断会不同。比如，在聘任同一职位人员时，有的人事主管在考评男性应征者时较注重学历，考评女性应征者时较留意相貌、风度，这就导致考评尺度不一，关键内容易被忽视，影响人才甄选。另外，不同的主试人员在考评应征者时，由于知觉判断不同，会得出不同的结论。

研究表明，在面试中给人的第一印象很重要，在最初几分钟里给人的良好印象尤为重要，如果不良印象出现在前几分钟里，结果会很糟糕；但如果出现在较后的时间里，结果就不会那么糟糕。总之，面试中更为关键的似乎不是如何留下好印象，而是不要留下不良印象。换言之，印象的建立及相应的知觉判断有其时间效应。了解这一点有利于应试者把握应试技巧，然而，主试者应当注意这一点，以便正确判断应试者的价值。

在人事会谈时，知觉歪曲也会来自其他方面。应征者往往会对应征的职位、工作有不切实际的期望甚至幻想。研究表明，一旦应征者在日后的工作中发现实际与期望有较大的差距，便会感觉失望、沮丧，甚至不满、愤怒，辞职的可能性也就大增。因此，在最初应征会谈时就应向应征者提供有关工作的准确信息，以便应征者有合乎实际的认识，不致产生错觉。西方企业界的调查表明，采取这一措施的企业，辞职率要低 28.8%。

（二）工作绩效评估

主管人员对员工的知觉会对员工的绩效评估产生重要影响。尽管在许多方面有许多手段可以对绩效进行客观评估，如用产量、营业额作为指标，但仍有许多工作及职位的绩效只能靠主观评定或很难确定客观的标准，如文秘、管理员及某些公关工作等。主观评定的主要依据实质上就是人际知觉。在这种情况下，主管人员有很大的裁定权。由于绩效评估决定着一个员工的晋级、调薪，决定着员工的前途，所以评价人员要客观慎重。

对员工绩效的评价，要充分考虑到员工的工作表现和工作的努力程度。其中的道理就像教师不仅要注重学生的成绩，也要看学生的努力程度一样。对于组织来说，有时工作中的努力精神要比绩效更为重要。不难理解，员工的努力是组织巨大的潜在财富。比如，一个员工技能熟练，生产效率很高，但工作态度消极，牢骚满腹，纪律涣散，他对组织便有极大的不良影响，可谓害群之马，其破坏作用可能远非他所创造的价值可比。

因此，对员工绩效进行评估时，应尽可能采用客观标准，在必须进行主观判断时，应警惕前述各种知觉中的弊端，防止可能产生的知觉歪曲。

第四节 决 策

一、个体决策的概念

西蒙认为，管理就是决策。过去，只有管理者拥有这些权力。近年来，越来越多的组织把工作相关的决策权授予非管理层的员工。可见，个体的决策已成为组织行为中非常重要的一部分。但是，组织中的个体做出决策的方式，以及他们最终做出决策的质量，在很大程度上都受到知觉的影响。

决策（decision making）是指组织或个人为了实现某种目标而对未来一定时期内有关活动的方向、内容及方式的选择或调整过程。组织中的每个人都需要做出决策。比如，高层管理者要决定设置什么样的组织目标、提供什么样的产品或服务、如何构建最佳的公司总部、在哪里设立新厂；中、低层管理者要决定安排生产日程、选择新员工、合理分配加薪。当然，决策并不仅仅是管理者的特权。非管理层的员工所做出的决策同样影响到他们的工作及组织。越来越明显的决策可能包括：某一天是否上班，在工作中付出多大努力，是否遵守上司提出的要求等。毫无疑问，这些决策大多数都是一种反射行为，几乎不需要有意识地去思考。上司让你下班前完成一份报告，你假设上司的要求合乎情理，就同意了。在这种情况下，你仍旧做了决策，尽管这些决策并不需要进行多少思考。但是当人们面对新的或重要的决策时，往往会深思熟虑，开发备选方案，权衡利弊，其结果会受到决策过程的影响。

二、决策模型

决策模型的选择往往对决策结果的好坏有直接影响，而选择何种决策模型与个体的知觉水平又是密不可分的。下面介绍的几种决策模型就是根据知觉判断的不同而形成的不同决策方法。

（一）最优决策模型

最优决策模型是指决策者在决策的过程中考虑各种可能的备选方案，并选择最优解决方案。这是最理性的决策过程。最优决策模型理论是建立在接受理性决策理论“理性人”假设的基础之上的，是理性决策的延伸和发展。

最优决策的制定者是理性的，他要在特定的限制条件下做出最优选择。这种选择基于有特定假设的 6 步骤模型，如图 1–5 所示。

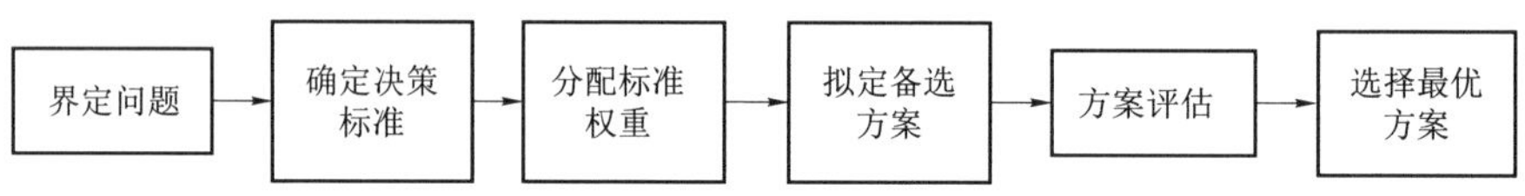

图 1–5　最佳决策方案操作步骤

当期望与实际情况存在某种程度的不一致时，就产生了亟待解决的问题。如果你在计算自己的每月支出时，发现你比计划多花费了 50 元钱，这时你就已经界定了问题。在确定决策标准的过程中，决策者会在此阶段加入自己的兴趣、价值观和个人偏好等，形成因人而异的决策标准。接下来就是给这些标准分配权重，依次排列出它们在决策中的重要程度。最优决策模型理论至少要建立两个或者两个以上的决策模型方案，对这些决策模型进行严格比较以后，结合实际的需要做出最优的决策模型选择。

当决策者面对的问题很简单且备选方案不多时，或者当搜寻和评估备选方案的代价或成本很低时，决策者更倾向于使用最优决策模型。但是，这种决策过程也是有一定的假设前提的。

（1）问题明晰。问题应当是清楚明晰的，不能模棱两可，假定决策者在各个步骤中掌握着决策情境的全部信息。

（2）所有选项已知。假定决策者可以确定所有相关标准并能够列出所有可行方案，而且决策者知道每个备选方案的可能结果。

（3）偏好明确。理性模型假定决策标准和备选方案的价值都可以量化，并根据重要性排序。

（4）偏好稳定。假定具体的决策标准固定，分配给他们的权重也是稳定的，不随时间推移而改变。

（5）不存在时间和成本的限制。基于这一假定，理性决策者可以获得与标准和备选方案相关的全部信息。

（6）收益最大化。理性决策者会选择能带来最高收益的备选方案。

（二）满意决策模型

当你思考去哪所大学读书时，是否考虑了所有的备选方案呢？你要从全国上千所高校中筛选，用学校名气、课程设置、地理位置、入学要求、学校规模、校园环境、所获财政补助等标准去衡量，得到的最佳方案只会是那些顶级学府，这显然是不符合实际情况的，而最接近于现实并达到标准的方案是最有可能被选择的。你会选择在亲朋好友所提供信息的基础上，迅速浏览一下升学指南，查阅对应学校的相关资料，运用大致的决策标准，对自己得到的 5~10 所大学的材料进行粗略评估，然后找出一个满意的学校。

对于构思和解决复杂问题来说，人类的大脑容量远远不足以达到完全理性的要求，个体是在有限理性的范围内活动的。他们不是捕捉问题的复杂方面，而是抽取其中的重要特点，并在此基础上构建简化的模型，这就是满意决策模型的实质。

那么一般个体又如何来选出最满意的方案呢？如图 1–6 所示，在确定了某一问题后，个体便开始寻找标准和备选方案。决策者会根据经验总结制定一个不够

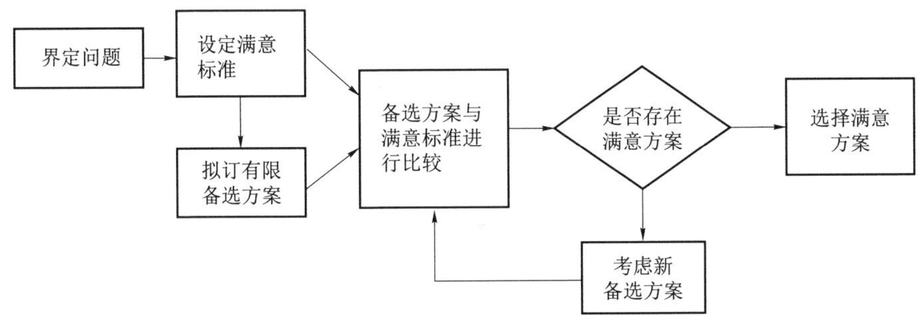

图 1–6　满意决策模型操作步骤

详尽彻底的标准，其中包括一系列显而易见的选项。在确定了几个有限的备选方案之后，决策者开始考察它们。这个考察并不是综合全面的，只有当某个备选方案与当前有效的选项之间差异相对较小时才考虑它。当决策者以自己习惯的方式找到第一个符合“满意”标准的备选方案时，搜寻工作便结束了。可见，最终决策代表的是一个符合要求的选择，而不是最恰当的选择。

在理性决策模型中，备选方案的等级高低排序非常重要，但有限理性方式并非如此。假设某一问题有不止一种解决方法，有限理性的最终选择是决策者遇到的第一个符合要求并可以接受的方案。

（三）直觉决策模型

直觉决策是指从经验中提取精华的无意识过程。它不是脱离理性分析而独自运作，事实上，直觉和决策是相辅相成的。直觉对决策的制定具有强大的影响力。直觉决策者可以在信息非常有限的条件下迅速做出决策，因为他们的专业经验使他们能够识别情境中的模式，并利用自己过去已经获得的、与模式相关的信息，迅速做出决策。

什么时候人们最可能使用直觉决策呢？研究者确定了八种情况：① 不确定性程度很高时；② 几乎没有先例存在时；③ 难以科学地预测变量时；④ “事实”有限时；⑤ 事实难以明确指明前进方向时；⑥ 分析性资料用途不大时；⑦ 当需要从几个可行方案中选择一个，而每个方案的评价都不错时；⑧ 时间有限，但又有压力要做出正确决策时。

（四）隐含偏爱模型

隐含偏爱模型是个体在解决复杂问题时，先不进行“备选方案的评估”，而是找到一个隐含偏爱的备选方案时再评估。

隐含偏爱模型也是一种个体通过简化程序来进行理性决策的模型，其操作步骤如图 1–7 所示。研究表明，个体进行复杂、非常规性的非程序化决策时，并没有完全遵循理性程序，隐含偏爱模型可以更准确地描述其实际的决策过程。

（1）确定决策问题后，决策者首先隐含地选择了一个偏爱方案 A，但决策者

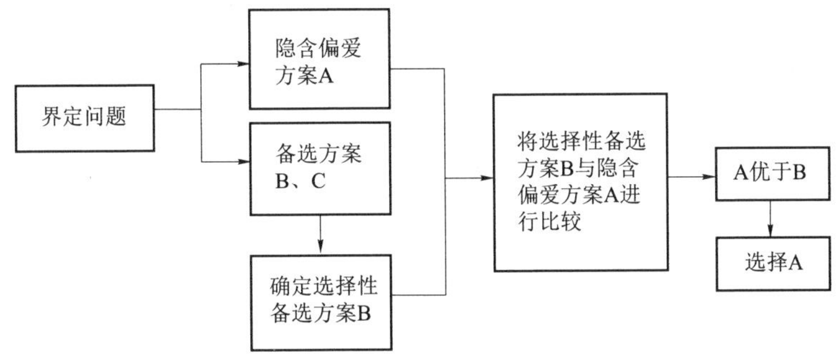

图 1–7　隐含偏爱模型操作步骤

本人并未意识到。

（2）确定其他方案，其后证实过程开始，备选方案将减少为两个——选择性备选方案 B 和证实性备选方案 A（偏爱方案）。

（3）为了确保隐含偏爱方案 A 比选择性备选方案 B 更为优越，决策者在决策目标确定和评估上往往会出于感知防卫而带有偏见色彩，使决策者确信他的隐含偏爱方案确实是恰当的选择。

隐含偏爱模型表明了个体常常对一个方案很早就做出了选择，在最终确定之后，还要进一步评估其他方案的优缺点，决策者在决策过程中会出现许多感知失真，即决策过程更多地受个体的直观感觉而不是客观理性的影响。隐含偏爱模型是非理性处理复杂且非常规决策的模型。决策者在决策过程的早期隐含选择了一个偏爱方案，而后的过程主要是决策证明练习，即决策者通过之后的行动过程确信他的隐含偏爱方案确实是恰当的选项。

由以上的决策模型可知，最优决策模型和满意决策模型都是建立在理性知觉的基础之上，而直觉决策和隐含偏爱决策的形成是受到知觉偏差干扰的，更进一步来说，是由于决策者的个体差异性和经验及环境不同而造成的。

三、影响个体决策的因素

（一）个体差异

实践中的决策制定是有限理性的，存在常见的偏见和错误，并且还会运用直觉。除此之外，个体差异也会使决策制定背离理性模型。

比如两个员工在同样的情境下做决策，甲要比乙花费更长的时间，但他最终做的选择总是优于乙的，所以虽然乙决策很快，但他的风险度是高于甲的。这说明所有人把自己的个性及个体差异带到了决策中。对于个体来说，决策风格的差异会产生很大影响。

决策体型模型定义了个体制定决策的 4 种不同方法。这种模型所基于的共识是两个维度上存在差异，而这些差异可以超越有限理性的界定范围。横向维度是思维方式的不同，一些是具有逻辑性和理性思维的人，处理欣喜的过程是连续的；相反，一些是靠直觉和创造性思维的人，把事物看成一个整体来接受。纵向维度是对不明确性的容忍程度。一些人总是在组织信息过程中，采用尽量降低不确定性的方法；另一些人却能够同时思考多个想法。如果把这两个维度制成图表，就形成了 4 种决策风格（见图 1–8）。

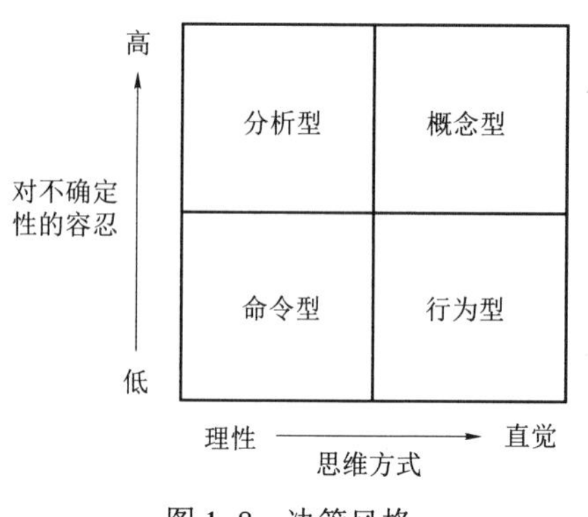

图 1–8　决策风格

命令型风格的人是有效率和逻辑性的，他们追求理性，在决策中利用最少的信息并且几乎不考虑备选方案，他们制定决策速度快，注重短期效应。分析型决策者期望获得更多的信息，并考虑更多的备选方案，他们具有适应和应付新环境的能力，比如商学院的学生、基层管理者及高级管理者就表现出分析型倾向。概念型决策者眼界开阔，并考虑很多备选方案，他们着眼于长远目标，并且善于找到创新的方法来解决问题。行为型决策者，他们善于和其他人合作，对同事及下属的工作绩效表示关心；他们接受别人的建议，通过会议与他人沟通。

（二）道德标准

很多决策会使用道德尺度来衡量，我们也可以通过不同的道德层次理解不同类型的人。有研究表明，道德发展包含三个水平层次，每个水平包含两个阶段，在每个延续的阶段，个体的道德判断增进缓慢，而且受外界因素影响较小。这3种水平和6个阶段的详细描述如图1–9所示。

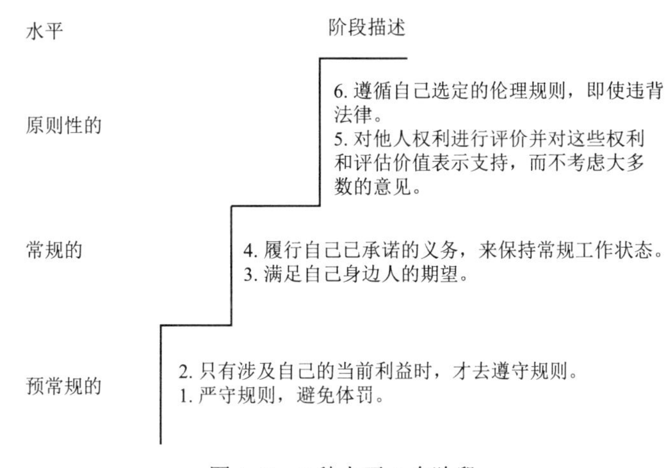

图1–9　3种水平6个阶段

通过对道德发展阶段的研究，可以得到以下结论：

（1）人们的道德发展以较缓慢的方式依次通过这6个阶段，呈阶梯状上升；

（2）不一定是持续发展，发展可能在某一阶段中止；

（3）大多数成年人都处于第4阶段，他们都会遵循社会的各项法律规则；

（4）管理者所达到的阶段越高，他们就越容易产生伦理性决策。

例如，一位处于第3阶段的管理者易于做出得到其同事赞同的决策；一位处于第4阶段的管理者会因做出尊重组织规定和程序的决策而成为“良好的企业员工”；一位处于第5阶段的管理者往往会向他认为错误的组织制度发起挑战。

（三）组织约束

组织本身也限制着决策者，使他们的决策背离理性模型。例如，管理者们要让自己的决策反映出组织的绩效评估、奖酬体系和时间约束，以往的组织决策也可作为先例来约束当前的决策。

1. 绩效评估（performance evaluation）

管理者在做决策时，强烈地受到评估标准影响。如果一个大学校长认为及格率可以反映讲师的教学能力，一个讲师所带学生的不及格率不应该超过10%，那么新的讲师就有可能为了得到有利的评估而不让太多的学生挂科。

2. 奖酬体系（reward systems）

组织的奖酬体系也影响着决策者。它通过个人的收入状况向员工表明，什么样的选择是组织所鼓励的。例如，如果组织奖励的是风险规避，那么管理者更有可能会做出保守的决策。20世纪30年代到20世纪80年代中期，通用汽车公司一直对那些做事低调、回避争论、领导优秀团队的管理者给予晋升和奖励。其结果导致，通用汽车的管理者们变得非常善于避开棘手问题，并把有争论的决策抛给委员会处理。

3. 组织系统时间约束（system-imposed time constraints）

理性模型忽略了在组织内部的决策中常常具有时间限制这样一个事实条件。如部门预算必须在下周五前完成；又如，新产品开发报告必须月底前交给执行委员会过目。但在一段限制的时间范围内，决策者根本没有足够的时间搜集到全部的资料，这对做出的决策也必然会产生影响。

4. 过去惯例（historical precedents）

理性决策把决策看作独立的离散时间，这是不切实际的。过去所做的决策总是影响着当前的决策。比如，政府要做今年的预算，而去年给出的预算数目就是一个最重要的决定因素，这已经成了一种常识和惯例。因此，今天的选择在很大程度上是过去所做选择积累的结果。

（四）文化差异

理性决策中并没有表现出文化的差异，但是印度尼西亚人和澳大利亚人做出的决策是大相径庭的。因此我们需要认识到，决策者的文化背景会对他的时间取向、问题选择、分析深度、理性重要性的强调及决策方式产生显著的影响。

比如，时间取向上的差异有助于我们理解为什么埃及管理者做决策时会比北美对手更慢，因为北美人非常重视理性，尽管并不是所有北美人都这样，但西方对理性的高度强调是毋庸置疑的。像伊朗这样的国家，理性并没有被深化，因此刻意表现出理性去决策是没有必要的。又如，在进行决策时，日本的管理者比美国的管理者更有集体倾向，日本人强调遵从与合作，在做出重要决策前，会收集大量信息，并采用集体表决的群体决策。

四、知觉对决策的影响

（一）知觉对象的信息容量决定决策的快慢

知觉具有选择性，这对决策的影响是显而易见的，因为决策过程就是一个选择的过程。人们总是有选择性地将对自己有重要意义的刺激物当作知觉的对象。知觉的对象能够得到清晰的反映，而背景只能得到比较模糊的反映。为了迅速有效地感知客观事物，人们主动地挑选某些刺激信息进行加工处理，从而排除其他信息的干扰，以形成清晰的知觉。研究发现，当知觉的对象包含的信息量较大时，由于人的承受能力有限，有限资源被耗尽，对知觉对象可以最大限度地接受，从而可以快速根据现有信息做出决策；反之，当知觉对象的信息量很小，多余的精力就会参与加工，对知觉对象产生干扰，这样就会减慢决策的速度。

因此，组织中的管理者在灌输组织目标时，要注意信息量适当，也要增加组织目标和组织制度与其他知觉对象的对比程度，提高它们的鲜明性，从而使员工清晰地将组织目标和组织制度当作知觉对象，作为努力的目标。

（二）对知觉对象的识别和理解程度影响着决策

知觉对象越容易被理解就越有助于决策。名字简单的股票表现往往好过名字复杂的股票，因为名字简单的股票更容易被人知觉并且理解，信息量较小。当看到印刷模糊的书籍，人们能够意识到上面的字迹很难看清，就很难做出相应决策。如果知觉对象有一定特点，如对称或与背景对比鲜明，就容易被知觉，从而有助于人们快速做出决策。另外与之相关的是个体早先的知觉经历。重复出现的刺激会提高知觉的理解程度，如当人们面对一个重复出现的命题时会更多地将其判定为真，尽管它并不一定是真的。

（三）知觉过程是决策过程的基础

知觉是对客观对象整体认知的过程，决策正是检验知觉体对客观对象的整体把握程度。知觉的过程比较复杂，包括观察、选择、组织和反应。决策是在知觉的基础上进行的活动过程，是以知觉为前提条件的。决策中问题的界定和标准的判断都依赖于知觉的结果。知觉作为决策的基础，对决策的影响重大。

（四）知觉的恒常性影响决策偏好

不能否认，决策过程中的隐含偏爱确实存在，而且很大程度上影响着我们的工作和生活。知觉的恒常性使得决策者偏爱于选择自己熟悉的、曾经使用过的解决方案。这减少了他们重新决策的时间成本，满足了个人的需求，却可能造成不理智的后果，直接导致决策的失败。因此，适当克制由于知觉恒常性导致的直觉或偏爱，综合利用理性思维，对做出正确的决策相当重要。

第二章

胜任素质理论及其相关研究

胜任素质是能把表现优秀的员工和表现一般的员工区分开来的，包括特定情境中员工的个人动机、工作态度、技术能力及知识、价值观等特征在内，与工作任务和绩效密切相关，具有一定动态性，能用来预测员工未来绩效的一类特定能力。胜任素质在国外的企业管理中应用广泛，随着经济的全球化，一些先进的管理理念也开始传入中国，现阶段，已经有越来越多的企业开始构建适合重要职位的胜任素质模型。

第一节　胜任素质有关概念

一、胜任素质

胜任素质的概念由 Robert White 于 1959 年提出，1973 年 David C. McClelland 发表的论文《测量胜任力而非智力》中提出用测量胜任素质的方法代替传统的智力测验。有关胜任素质的定义至今尚未统一，总结起来主要有以下观点：McLagan 认为胜任素质是指足以完成主要工作所需的一连串知识、技能与能力；Boyatzis 将胜任素质定义为个人固有的做出满足组织环境内工作需求的行为的能力；Spencer 对胜任素质给出了一个较完整的定义，即胜任素质是指能将某一工作（或组织、文化）中卓有成就者与表现平平者区分开来的个人的深层次特征，它可以是动机、特质、自我形象、态度或价值观、某领域知识、认知或行为技能——任何可以被可靠测量或计数的并且能显著区分优秀绩效与一般绩效的个体的特征；国内学者王重鸣提出胜任素质是实现高管理绩效的知识、技能、能力及价值观、个性、动机等特征；叶龙认为胜任素质是指在一个组织中绩效优异的员工所具备的能够胜任工作岗位要求的知识、技能、能力和特质。

从以上综述可以看出，胜任素质的相关定义，有以下几个共同点：第一，都以绩效标准为参照；第二，都包括因果关系的观点，认为胜任素质是导致个人绩效差异深层次的原因；第三，都不排斥个人的潜在特性或行为的作用；第四，行为本身不是胜任素质，是其表现形式，并不是所有的行为都是胜任素质。与绩效存在密切关系是当前胜任素质在劳动力市场实践中受到普遍关注的一个重要原因。

二、胜任素质的相关研究

胜任素质模型的研究工作主要是围绕个体胜任素质展开的，随着胜任素质研究的深入，逐渐扩展到组织层面。国内外学者对胜任素质进行了大量的理论和实证研究，取得了较为丰富的研究成果。

（一）个体层面胜任素质研究

20 世纪 70 年代，McClelland 及其项目小组研究了驻外联络官胜任素质，研究得出其胜任素质模型中包含跨文化的人际敏感性、人的积极期望及快速进入当地的政治网络三种核心要素。尽管这三种核心要素被不断地修改和完善，但目前美国政府在选拔驻外联络官时仍以这三种要素为主要依据。1982 年，学者 Boyatzis 研究了管理人员的胜任素质指标，他通过对 12 个行业的公共事业单位及私营企业 41 个管理职位 2 000 名管理人员的调研和全面分析，得出了不同行业、部门及不同管理水平下的胜任素质差异，最终研究出包括 6 个大素质群、19 个二级指标的管理者胜任素质模型。Yuk 认为管理者的技能或能力包括技术技能（包括方法、程序及具体的设备操作能力）、人际技能（包括人类行为、同情、人际过程和交流合作能力、社会敏感性)、概念技能(包括分析能力、创造力、认识潜在问题和机遇的能力),Yuk 认为,管理者这三种类型的技能或能力区分了个体在处理人、事、观念及概念方面的表现。1989 年,Spencer 通过研究 200 多个岗位及 360 种行为事件,得出了技术人员、社区服务人员、销售人员、经理及企业家 5 类人员的通用胜任素质,并且归纳了 2 项管理人员的胜任素质。

1993 年,Assco 和 Waterloo 研究出包括概念技能与独创性、人际技能、领导及行政管理和技术在内的 5 项管理人员的基本胜任素质。Nordhaug 是胜任素质分类学说的开创者,他把胜任素质划分为 6 种,分别为元胜任素质、通用行业胜任素质、标准技术胜任素质、内部组织胜任素质、技术行业胜任素质及特殊技术胜任素质。同时,他还认为应从任务具体性、行业具体性及公司具体性方面对胜任素质进行划分。

1997 年,Carless 和 Allwood 通过研究澳大利亚管理咨询机构的管理咨询活动,得出他们基本通过评价管理人员的决策能力、计划能力、人际技能及组织能力来评定管理人员的工作胜任素质的结论。1998 年,Mount 等通过测量 250 名经理人员的胜任素质,认为管理胜任素质由人际关系、管理和技术技能三个维度构成,其测量工具主要为人际决策国际公司开发的管理技能轮廓,得到了比较准确的结果。Chartes 采用半结构化面谈及问卷调查的手段对英国 2/3 的大型组织的高层、中层及基层经理进行了调查,研究结果显示,领导、激励、沟通、决策、健康和安全、预见、计划等素质为管理者最重要的 7 种素质。1993 年,Corkcrill 进行了案例研究,并通过对公司人力资源专家的访谈,得出了包含认知能力、表达能力、人际关系能力及激励能力在内的综合胜任素质模型。1992 年,学者 Shanteall 指出专业知识、认知技能、心理特征、任务特征及决策策略影响综合能力。

国内学者也对胜任素质模型进行了大量的研究,并得出了许多有价值的研究成果。2002 年,王重鸣等通过对胜任特征的职务分析,结合实证评价的方法,研究得出了高层管理者的胜任素质模型,并利用结构方程模型对该模型进行了检验。2004 年,学者时勘等通过行为事件访谈方法建立了通信行业高层胜任素质模型,除少量的基准性胜任素质外,该模型主要突出了鉴别性胜任素质,包括影响力、成就欲、组织承诺、主动性、信息寻求、人际洞察力、客户服务意识、团队领导、自信和发展他人。姚翔等通过问卷调查分析，研究了 IT 企业项目管理者的胜任素质模型，该模型包含应变能力、人际关系处理能力、个性魅力及品格等共 5 个因子。2005 年，潘文安通过对绩效优异组和绩效一般组的行为事件访谈，获取关键因子，得出了我国 IT 业项目经理人的胜任素质模型，该模型涵盖了成就欲、发展他人、商业谈判、行为主动性、影响力、信息寻求、客户关系、技术专长、团队领导、风险识别、监控和时间管理等要素。

（二）组织层面胜任素质研究

组织层面胜任素质的研究主要集中在对组织中团队成员或团队核心的胜任素质方面。1990 年，Prahalad 提出团队核心胜任素质的概念，该概念的本质含义是能够使组织在环境中具有竞争力，拥有进入不断变化的市场的潜能、对竞争者来说较难模仿的竞争优势及对终端产品比较有意义的贡献是组织核心胜任素质可辨别的成分。Camevale 认为领导技能要和具体组织条件的知识相结合，特别是对明晰的和隐性的权力结构的理解方面更应该如此，否则某些胜任素质就会变成无用的指标。Alice 认为组织的竞争优势来源于核心技术竞争力和核心运作能力，并且这两方面的胜任素质离不开组织的学习能力，目前很多企业把持续学习能力作为组织核心能力的重要组成部分。1997 年，Ulrich 指出组织能力是竞争优势的第四种能力，他把个人胜任素质和组织的胜任素质相关联，将传统的以职位为基础的组织素质转变成建立在组织胜任素质基础上的员工素质，从而为发展组织能力提供竞争优势。

在国内，2008 年，马红民、李非通过对国内外相关文献的分析，研究了创业团队胜任力的概念、结构，确定了创业团队胜任力的特征维度，并最终研究了创业团队胜任力与创业绩效的关系；赵希男根据 q–范数距离和目标规划的思想，研究了团队胜任特征中个体优势的识别方法，提出该识别方法是基于团队共识的指标体系和价值取向，从而为确定团队优势特征提供了新的视角；2010 年，王是平通过对并购企业高层管理团队的问卷调查，结合胜任力理论，构建了并购企业高层管理团队的胜任特征模型，并进行了验证性分析，为我国并购企业高层管理团队的配置提供了科学的指导。

三、胜任素质模型

胜任素质模型（competency model）是指承担某一特定职位角色所应具备的胜任特征要素的综合，它是某个工作岗位或职业的绩效优秀者为成功而出色地完成工作任务所使用的知识、能力和合适的在岗行为的组合。也就是说，胜任素质模型的构成要素主要有三个方面：知识、能力、合适的在岗行为。知识就是从事该工作所必须掌握的知识和技术，例如关键技术的掌握等。能力是指取得成功绩效所必需的能力（包括非技术能力和技术能力）。合适的在岗行为则需要知识与能力的协调，例如与他人积极沟通、搜寻所需要的信息等行为。一般来说，胜任素质模型的结构有三个层次：胜任素质类别、相应的定义和典型的行为表现。针对一个岗位或职业建立的胜任素质模型包括在这个职位取得出色绩效所需要的胜任素质名称、定义、每个胜任特征的典型行为表现等。

1993 年，Spencer 等提出了胜任素质的冰山模型（见图 2–1），他们把个体特征区分为水上冰山和水下冰山，即外显和内隐、可见和不可见，形象地说明了对人们工作绩效有预测作用的个体特征中，除了可见的、外显的知识（knowledge）和技能（skill），更重要的是深层的、不可见的、内隐的、核心的动机（motives）、特质（traits）和自我概念（self-concept）。动机是个人引起行为的意向或欲求，动机将会驱使个人达成特定的行动或目标；特质是个人生理上的特质及对情境与信息的一致性反应，例如好眼力；自我概念是个人的态度、价值观及对自己的看法；知识指个人在特殊领域所具备的讯息，但知识有时无法预测工作绩效，因为无法评估知识是否会在工作中使用，仅可预测某人“可以做”但无法预测他会“做什么”；技巧指完成工作的生理或心智能力，包括分析性思考及概念性思考。这五类特征具有层次性。知识和技能最容易观察到，也容易培训，教育训练是最佳的培训方式，投入教育成本就会有一定收获，因而构成了基准性胜任素质（threshold competency）。其特点是：有效执行工作所需的最低程度和对任职者的基本要求，无法区分卓越绩效与一般绩效者。特质和动机处在最深层次，也最难于改变，对于企业组织而言，用甄选的方式来选择具有所需特质的员工比较合乎成本效益；自我概念则处于中间层次，经过适当培训或者成长性的经历，也是可以改变的。

动机、特质和自我概念等构成了鉴别性胜任素质，其特点是：在短期内较难改变和发展，能够区分绩效一般者与绩效优异者，是胜任素质模型的核心构成部分，常见的有“成就导向”“主动性”“影响力”等。在实际的人力资源培训与开发的过程中，总会存在一个误区，人力资源部门都会比较注重对人员的知识和技能进行考察，认为具备岗位所需的知识和技能是表现出色的充分条件，其实不然。“冰山”以上的可见部分，即知识和技能的区分程度不大，“冰山”下面的不可见部分，即特质和动机，以及自我概念才有明显的区分。优秀管理者认为，“我们管理团队可以做好宏观的、全面的管理，我们具有高成就动机和高权力动机”，而一般管理者则认为，“我可以做好具体的、细致的工作，我可以达到个人理想的业绩”。也就是说，“冰山”以下的自我概念、特质和动机等深层的胜任素质特征才是决定人们行为和表现的比较稳定的关键因素。

分析胜任素质的层次，可采用美国学者 Richard Boyatzis 提出素质的“洋葱模型”（见图 2–2），它展示了素质构成的核心要素，并说明了各构成要素可被观察和衡量的特点。洋葱模型中的各核心要素由内至外分别是动机、个性、自我形象与价值观、社会角色、态度、知识、技能等。

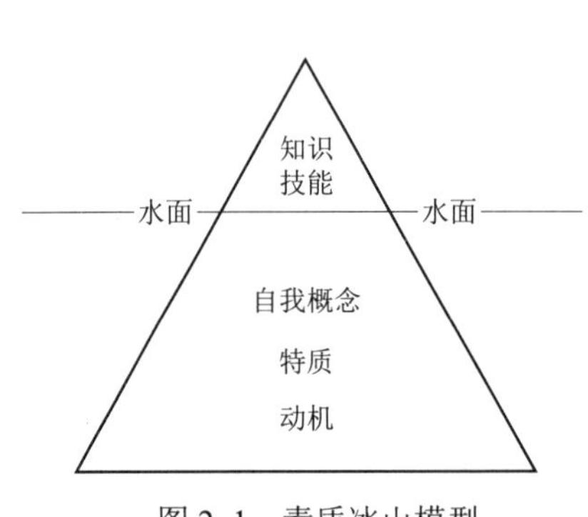

图 2–1 素质冰山模型

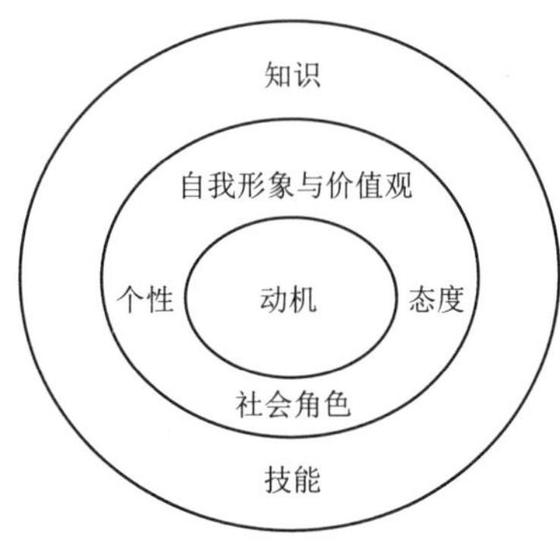

图 2–2 素质洋葱模型

动机是推动个体为达到目标而采取行动的内驱力；个性是个体对外部环境及各种信息等的反应方式、倾向与特性；自我形象与价值观是指个体对自身的看法与评价；社会角色是个体对其所属社会群体或组织接受并认为是恰当的一套行为准则的认识[①]；态度是个体的自我形象与价值观及社会角色综合作用外化的结果；知识是个体在某一特定领域所拥有的事实型与经验型信息；技能是个体结构化地运用知识完成某项具体工作的能力。

洋葱模型是从另外一个角度对冰山模型进行解释的。所谓洋葱模型，是把胜任素质由内到外概括为层层包裹的结构，最核心的是动机，然后向外依次展开为个性、自我形象与价值观、社会角色、态度、知识、技能。越向外层，越易于培养和评价；越向内层，越难以评价和习得。大体上，“洋葱”最外层的知识和技能，相当于“冰山”的水上部分；“洋葱”最里层的动机，相当于“冰山”水下最深的部分；“洋葱”中间的自我形象与价值观等，则相当于“冰山”水下浅层部分。洋葱模型同冰山模型相比，本质是一样的，都强调核心素质或基本素质。对核心素质的测评，可以预测一个人的长期绩效。洋葱模型更突出潜在素质与显现素质的层次关系，比冰山模型更能说明素质之间的关系。

胜任素质模型为某一特定组织、水平、工作或角色提供了一个成功模型，反映了某一既定工作岗位中影响个体成功的所有重要的行为、技能和知识，因而经常被当作工作场所使用的工具（Mansfield，1996；McLagan，1996；Mirabile，1997）。个体使用胜任素质模型，能够帮助自己分辨工作需求的胜任素质、工作中的优势、需要提升改进的领域、继续学习和职业成长与发展的方向等。

由于胜任素质模型不仅可以辨别和发展个体胜任素质，而且可以作为招聘、选拔、人员配置、评估等人力资源活动的基础。Elkin 认为相比于绩效评估，胜任素质模型更加适用于人员的选拔与评价。随着社会经济和相关理论的发展，胜任素质模型在人员评价中得到广泛的应用。与人因可靠性分析相比，基于胜任素质的人员评价主要是从其是否具备胜任素质、能否取得优异绩效的角度来展开的，通过评价工作来区别绩效优异者与绩效一般者。Borman 和 Motowidlo、Russell、Jansen 等学者的研究结果都表明胜任特征会对工作绩效产生不同程度的影响，为基于胜任素质的人员评价提供了理论支持。而在人–机系统中，人员的安全性是其绩效的重要组成部分，因此，对人员进行评价的过程包含对其安全性进行评价。

① 刘鹏. 省属大学校长素质研究［D］. 济南：山东财经大学，2013：32–35.

基于胜任素质对人员安全性进行评价的研究思路也逐渐被提出并应用。

第二节 胜任素质有关理论和研究方法

一、有关理论

（一）能力理论

自 McClelland 教授提出“能力”（ability）一词后，在学术界掀起关于能力模型研究的浪潮。胜任素质管理的理论来源，是从心理学对于“能力”的实证开始，随后为企业管理界所应用，尤其在人力资源管理领域。能力是指人们能够胜任某种任务的条件，特别是掌握知识和技能的程度和速度方面所必备的个性心理特征。能力具有两种含义，其一是指实际能力（actual ability），即现在已经具备的和表现出来的能力；其二是指潜在能力（potential ability），即以后可能发展出来的能力，它是各种实际能力展现的可能性。能力、知识和技能是不同的。从形式上看，知识是人类社会历史经验的总结，是对客观现实相应经验的概括；技能是由于练习而巩固了的行为方式，是相应行为方式概括的结果；而能力是调节行为和活动的相应心理过程概括的结果[①]。但能力和知识、技能之间又有着密切的联系。一方面，知识、技能的掌握是以一定的能力为前提的，能力制约着掌握知识、技能的速度和难易、巩固程度。另一方面，知识、技能的掌握又能使能力得到提高。

能力理论研究属于人力管理研究的范畴，分为理性主义方法和解释性方法两种。2007 年，李静指出，理性主义方法认为与岗位高绩效工作相关的工作胜任素质由一些具体的属性构成。这些属性包括知识、技能及个人特质等，每个属性除了具有本身固定的含义外，还具有能够适应较大范围内工作的情景独立性。这种

① 杜丙治. 企业文化、胜任力与绩效关系研究［D］. 重庆：重庆大学，2010：18–23.

对能力的研究方法的选择主要是取决于个体的职业倾向。工业心理学家倾向于强调知识、技能和态度等特征属性；教育学家关注知识和技能；人力资源管理研究者使用以任务为基础的系统。此外，分类的方法还有教育和行为心理学法、管理科学法等。解释性方法以现象学为基础，认为工作者和工作结果通过工作经历形成一个整体。这种方法的出发点从能力属性转移到工作者的工作概念上，能力的发展是改变工作概念，其最重要的指导原则是将工作者的工作概念作为出发点。这意味着需要设计一种方式去促进工作者改变他们的工作概念。

（二）绩效理论

在组织行为研究中，工作绩效通常作为结果变量，来探讨工作者的行为导致的效果。个人是否具有完成某一工作的知识技能和胜任素质，将会影响到其工作绩效。

西方的传统观点认为智力因子对预测个体的工作绩效非常重要。但是随着研究的不断深入，学者们对这一观点提出了质疑，Barrett 和 Depinct（1989）的研究指出智力测验得分与工作绩效之间的关系非常微弱。Neisser（1996）的研究表明单纯依靠智力水平对个体绩效进行预测和解释是不全面的。王垒（1999）指出传统智力最大的缺陷在于局限于认知能力，极大地限制了它对个体成就的预测能力。McClelland 的研究“测量胜任力而非智力”让学者们逐渐意识到采用胜任力评价代替传统的智力测验对管理者的工作绩效更有预测力。

根据 Spencer 的定义，胜任力是与有效的或出色的工作绩效相关的个人潜在的特征。许多学者把绩效作为胜任力的结果变量。1993 年，Spencer 的研究发现工作中的高绩效通常是一组具体的胜任力按照一种特殊方式组合的产物。Borman 和 Motowidlo 于 1997 年提出任务绩效与关系绩效各自受到不同因素的影响。知识、技能上的差异对任务绩效的影响程度要高于对关系绩效的影响程度；而合作、坚持性、责任心等变量则与关系绩效有着较高的相关性。2001 年，Russell 等对高层经理人员的胜任力研究、Jansen 对评价中心效度的动态效度研究结果都支持了不同的胜任特征会对工作绩效产生不同的影响的结论。

2002 年，王重鸣的研究以工作绩效作为胜任力的基本标准，提出以工作表现、职能绩效和组织绩效为效标的绩效结构，研究结果表明管理素质和管理能力这两大胜任力要素分别与工作绩效的三个方面有着密切的关系。2004 年，金杨华对管理胜任力特征与工作绩效之间的关系进行了实证研究，结果表明关系胜任特征是人际促进和工作奉献的有效预测指标，问题解决特征主要对任务绩效和人际促进有预测力，而诚信责任特征则更多影响管理者的工作奉献。

以上的研究表明，胜任力是绩效的决定性因素之一，不同的胜任力要素对绩效的不同成分的影响作用是不同的。1993 年，Holmes 和 Joyee 提出在进行胜任力研究时，应该重点关注员工的胜任力是如何影响他们的绩效的。这说明构建胜任力模型的重点在于选择那些对绩效产生影响的胜任力要素，分析影响绩效的各个要素之间的相互关系，找出关键要素和辅助要素，通过胜任素质模型选择恰当的方法加以培养，实现绩效的持续改进。

二、胜任素质模型构建的方法

目前，用来构建胜任素质模型的方法主要有：行为事件访谈法、工作分析访谈法（包括面对面访谈、电话访谈、一对一访谈或焦点小组访谈）、专家小组（焦点小组）讨论法、关键事件技术、问卷调查法（工作问卷及清单调查、职位分析问卷（PAQ））、职能性工作分析（FJA）、工作说明书分析、借鉴现成的胜任特征模式或专家系统数据库等方法。现对主要的几种方法做详细介绍。

（一）行为事件访谈法

行为事件访谈法（behavioral event interview，BEI）是目前胜任素质领域最流行的方法。这种方法源于 McClelland、McBer 公司及哈佛商学院等的研究，此后 Spencer 等人将该项技术进一步发展。该方法挑选出绩效优秀者和绩效一般者各一组，让被访谈者列出在工作中遇到的关键事件，包括成功事件和不成功事件及负面事件，并从以下几个方面进行描述：① 事件发生的时间、地点及原因；② 被访谈者在事件中担当的角色、涉及的人物；③ 被访谈者最初的想法及事件处理过程中思想的转变；④ 事件处理过程中被访谈者所采取的行动；⑤ 事件的结果如何；⑥ 该事件给被访谈者的启示及对以后工作的影响[①]。对两组被访谈者的描述进行分析，统计各个素质要素在访谈过程中出现的频次，挖掘绩优者和一般者的不同素质要素，并分析其在事件处理过程中的作用，提炼出能够驱动员工产生高绩效的素质要素，建立该岗位的胜任素质模型。采用行为事件访谈法，需对访谈对象工作中切实体验的关键事件进行分析，这种方法的优点有：在发现素质方面具有极高价值；能有效解释素质与行为的驱动方法；对于如何实现与获得高绩效具有指导作用；能够得到与研究最相关的、全面的数据，企业可以依据该数据建立的胜任素质模型实施招聘面试、模拟培训等人力资源管理工作，对于企业的关键岗位来说是值得采用的方法。

行为事件访谈法的结果不仅能够为胜任素质的结构和内容提供丰富的数据资料，还能够揭示各种胜任素质之间的相互关系，其结果也有助于他人建立自己的胜任素质。但它也存在一些缺陷：首先，它无法用来识别未来工作的胜任特征，因为访谈是基于受访者的过去经历；其次，行为事件访谈虽精细但操作较烦琐，费时费力；最后，行为事件访谈专业性强，要求访谈者训练有素，访谈者的访谈技术、对访谈过程的控制能力等直接关系到数据的有效性，而被访谈者的心理和语言表达能力等对访谈结果也有一定的影响。因此，在建立胜任素质模型过程中，应结合其他方法，多方面地采集数据，以提高数据的有效性。

（二）专家小组讨论法

当一对一访谈无法进行时可以采用专家小组讨论法，由该研究领域权威专家组成小组，通过对每个胜任特征项目进行详细的分析与比较，再由专家们经过几轮删除或合并获得胜任特征指标。其步骤是：首先，通过文献研究、行为事件访谈和开放式问卷初步收集相关胜任素质条目，提取出胜任素质因子；其次，选择合适的权威专家组成研究小组，对初步提取的胜任素质因子进行评价和筛选，经过几轮的讨论、删除、合并后，研究小组的意见趋于一致；最后，把专家小组评定后的项目编制成评价量表，对研究群体施测，并在此基础上对结果进行统计分

① 孙夕秀. 煤矿企业中层管理人员胜任素质模型研究［D]. 北京：首都经济贸易大学，2010：21-24.

析，得到相应的胜任素质结构模型。

专家小组讨论法的优点是可以迅速收集数据，通过专家之间面对面的交流和头脑风暴法快速获得大量信息。缺点是由于专家数量有限，在专家的选择上会不合理，而且由专家来筛选胜任素质要素会存在一定的主观倾向性，专家讨论无法覆盖所有的胜任素质，在实际使用时，往往会遗漏一些相当关键的胜任素质。

（三）问卷调查法

问卷调查法是一种相对便利且快速的收集大量数据的方法，是一种通过综合文献、结合访谈等手段，严格设计心理测量项目或问题，编制问卷，对足够大的样本进行调查，对有效问卷数据进行分析和解释的方法。它主要采用量表方式进行定量化的测定，也可以运用提问方式，让受试者自由地做出书面回答。采用此法，首先要编制初始量表，通常都采用结构化访谈、半结构化访谈或是开放式问卷的方式来收集胜任素质的项目。其次是对所获得的胜任素质项目进行筛选，筛选的过程可以运用问卷初测或是专家评定的方式。然后将保留下来的胜任素质项目编制成问卷，进行测试。最后对问卷数据进行统计分析，一般进行探索性因子分析和验证性因子分析，从而得到胜任素质结构模型。

问卷调查法的应用较为广泛，优点是成本低，客观统一，效率较高，能够迅速地从大量样本中采集到数据，且结果易于统计，便于团体施测。缺点是不够灵活，多数情况下只能在给定选项中作答。由于事先没有区分绩优组和普通组，较难保证所提取的胜任素质要素（指标）都是与高绩效相关的。因此在采用问卷调查法时，还需要进一步研究胜任素质与绩效的关系。问卷调查法的有效性取决于问卷的编制。

与专家小组讨论法一样，问卷调查法也有可能会遗漏一些对于组织或者工作岗位至关重要但是又不易被察觉的胜任素质。另外，问卷的编制和数据收集分析也需要大量时间、经验及专业的测量和统计知识。

上述方法都不是孤立的建模方法，它们各有优缺点。研究者和实践者可以根据所研究的职位所处的环境，如组织的行业类型、组织战略和目标、组织气氛、企业文化和价值观、高层管理风格和价值观、目前所具备的条件等，来选取不同的方法，或同时运用几种方法，或不同时期运用不同的方法，即利用不同方法的组合来取长补短，灵活构建系统有效的胜任素质模型。

第三节 胜任素质的有关应用

在西方，将胜任素质应用于人员的选拔、培训、考核及薪酬管理的实践已经走在了理论领域的前面（Lievens，2004）。在一项基于 426 个公司的调查中，有80%的公司开始在他们的人力资源管理实践中应用胜任素质模型。1998 年，Jacobs指出通用胜任素质模型不具有很好的适用性，胜任素质模型需要和具体的工作岗位相结合。由于胜任素质对绩效的良好预测效果，胜任素质理论及其指导下的胜任素质模型在实践中得到了最广泛的应用，范围涉及经济界、服务业、政府机构、教育界、医学界、交通、电信业、军队等各行各业。

1982 年，Richard Boyatizis 对 12 个公共部门和私营企业 41 个管理职位的 2 000 多名管理人员的胜任素质的研究做了全面分析，得出了管理人员的胜任素质通用模型。该模型包括 6 个特征群及下属的 19 个胜任素质。

1993 年，Spencer 揭示了高层管理者的胜任素质模型，包括影响力、成就欲、团队协作、分析思维、自信、主动性、指挥、信息寻求、发展他人、团队领导和概括性思维。

1993 年，Alpha Assoc 和 Waterloo 总结出管理人员具有 5 项基本胜任素质，包括概念技能与独创性、行政管理、人际技能、领导、技术。

2000 年，Alldredge 等在帮助著名跨国企业 3M 公司构建的公司中高层后备人员胜任素质模型中，确定胜任素质模型应包含道德与诚信、愿景与战略智力、鼓励他人、成熟与判断力、全球化视角、顾客导向、组织敏捷、培育创新和员工发展等几个维度。

2002 年，王垒、李林通过问卷调查法来提取胜任素质。他们首先通过开放式问卷的调查，提炼出中国管理者胜任素质的结构维度，再由此编制成正式调查问卷，并对 465 名不同层次的管理者进行了调研，最后通过探索性因子分析得出了中国管理人员所需的4项胜任特征：认知、社交性、动机和个性、情绪。

2002年，王重鸣在运用基于胜任素质的职位分析并总结国内外有关文献的基础上，编制了管理综合素质评价量表，并运用此量表调查了220名中、高层管理者。结果表明，管理胜任素质特征结构由管理素质和管理技能两个维度构成。但在维度要素及其关键度上，职位层次间存在显著差异，正职的胜任素质要素包括责任意识、战略决策能力、价值倾向、权力取向、诚信正直、激励指挥能力、协调监控能力和开拓创新能力8种，副职的胜任素质要素包括战略决策能力、价值倾向、权力取向、协调监控能力、责任意识、经营监控能力。

2002年，时勘等采用BEI行为事件访谈法探讨了我国通信业高层管理者的胜任素质模型，结果表明：我国通信业高层管理者的胜任素质模型包括影响力、组织承诺、信息寻求、成就导向、团队领导、人际洞察力、主动性、客户服务意识、自信和发展他人等。

2002年，陈民科通过对全国5个城市的51家企业的220名管理人员的研究，运用基于胜任素质的职位分析方法，以结构化访谈与开放式量表调查相结合的方式获得高级管理者的胜任素质模型，并揭示出不同职位层次在胜任素质结构上的差异。

2004年，仲理峰等对18位家族企业高层管理者进行了行为事件访谈，提出了中国家族企业高层管理者11项胜任素质：权威导向、主动性、捕捉机遇、信息寻求、组织意识、指挥、仁慈关怀、自我控制、自信、自主学习、影响他人。结果表明家族企业高层管理者更多地表现出权威导向、仁慈关怀、捕捉机遇、指挥、自我控制、自主学习等特征。其中威权导向、仁慈关怀是我国家族企业高层理者独有的胜任特征，其他和国外企业高层管理者通用胜任素质模型的9项相一致，与国有企业高层管理者通用胜任特征模型的5项相一致。

2004年，徐建平使用BEI、问卷法得出我国教师的胜任素质模型，包括进取心、责任感、理解他人、自我控制、专业知识与技能、情绪觉察能力、挑战与支持、自信、概念性思考、自我评估、效率感。

2004年，翁艳娟对10个省市300多位企业人力资源管理人员进行研究，得到人力资源管理者的胜任素质模型，包括组织发展能力、业务技能、客户导向、合作结盟能力、个人发展能力、变革敏感性。

2005 年，潘文安运用行为事件访谈法，构建了我国 IT 业项目经理人胜任素质模型，该模型包括行为主动性、成就欲、团队协作、信息寻求、技术专长、客户关系、影响力、发展他人、团队领导、商业谈判、风险识别与监控、时间管理。这与西方研究所揭示的企业管理者胜任素质模型在商业谈判力、技术专长、风险意识与控制、时间管理能力 4 个方面存在一定差异。

2006 年，陈万思利用行为事件访谈与量表调查相结合的方法，为样本企业构建了包含基准性胜任素质和鉴别性胜任素质的人力资源管理人员胜任素质模型，包含表达能力、保密性、电脑操作、自信、坚持、回应他人、人力资源管理专业知识、商业知识、更新知识、号召力、法律意识、接受挑战、公平待人等 13 个胜任素质项目。

2006 年，瞿群臻建立了中国文化背景下职业经理人胜任素质模型——包含四维度和 11 个构成要素，并揭示了其内在结构关系。四维度按递进和决定关系排序依次为：人格特征、能力倾向、知识-技能、绩效行为胜任素质。11 个构成要素按重要程度由高到低排序依次为：学习转化能力、决策能力、发展下属能力、情绪智力、关系网络、知识应用水平、领导能力、沟通能力、创新意识、自我效能和成就动机。

2009 年，Eland Harrison 和 Albert Bootstraps 在讨论怎样运用管理能力来成功完成公司及组织方面的技术改革的同时，提出了技术变革能力和技能的模型，但是这一模型主要是针对项目经理评估和考察的。

2009 年，Marybeth Kennel 建立了更为有效的专业心理培训能力的模型，并在此基础上，提出了四项重点，分别是：训练的级别、采用的工具、训练计划级别的问责制、评估能力及基于能力的组织结构和文化支持的培训。

考虑到针对医院临床科主任胜任素质研究极为少见的现状，王永芳、王永丽、李博通过行为事件访谈、问卷调查等方法，分析研究得出医院临床科主任胜任素质模型并对医院临床科主任胜任素质与绩效进行了实证研究。研究表明，不同胜任素质对绩效维度的预测效应不同，例如：成就导向、业务能力、人才培养是任务绩效的有效预测指标；人才培养、沟通协调、关系建立则是关系绩效的有效预测指标。

现状篇

本篇主要研究了轨道交通司机的安全管理现状和安全性评价的研究现状，首先分析了世界各国轨道交通司机的安全管理现状，包括德国、日本等国家的轨道交通司机安全管理现状；其次，分析了我国轨道交通司机的安全管理现状，包括动车组司机的选拔测试系统及北京市轨道交通司机的安全性评价内容；最后从人的安全性评价概念出发，总结和提炼了轨道交通司机的安全性评价内涵及其目前的研究现状。

第三章

轨道交通司机安全管理概况

世界上最早针对轨道交通司机进行安全性管理与评价的国家是德国。早在1917年，德国铁路便对员工在就业前进行职业健康检查，对生理检查合格的候选人再进行心理素质的检查。在甄选高速动车组司机时，还要检查如下项目：对理论及技术问题的理解力、记忆力、反应速度和正确性、视觉及听觉能力、认知能力及工作能力等，以此确保所有经严格选拔上岗的司机能够符合规定的职业健康标准。目前在世界范围内，各国对轨道交通司机安全管理的研究主要集中在铁路司机方面，通过对铁路司机生理、心理和职业适宜性等方面的评价来指导司机的选拔和安全管理工作，以确保行车安全。

第一节　世界轨道交通司机安全管理现状

一、日本轨道交通司机安全管理现状

日本轨道交通客运量是当今世界客运量最大的，其优秀的人力资源尤其是轨道交通司机队伍是保证轨道交通安全、高效运营的关键。

由于日本旅客铁道公司集团（JR）各公司皆从原日本国有铁道公社拆分而来，

因此其人员结构基本类似，这里主要以 JR 东日本铁路公司为例进行介绍。2008 年 JR 东日本铁路公司员工总人数为 61 900 人，其中 45 430 人从事铁路运输业务，占员工总数的 73.4%，16 470 人从事其他辅业，占员工总数的 26.6%。在运输主业部门中，乘务员和司机分别占员工总数的 8.9%和 11%。

在进行司机选拔时，JR 东日本铁路公司会对应聘者进行“潜力测试”，以保证选拔到的司机的质量，同时在视觉等方面也有着严格的规定。

在司机职位的考核与晋升中，安全绩效是考察的重要指标。在考核与晋升的过程中，基本遵循着培养研修—考核晋升—新职研修—培养研修—考核晋升的路径。JR 东日本铁路公司规定，担任站务员职务工作两年后方可考值班员，值班员工作两年后才能获得晋升运转车长的考试资格，运站车长连续工作 3 年后才能获得申请司机考试的资格，经过培训并考试合格后，通过固定的仪式由政府官员来发放司机驾驶证，新司机取得驾驶证后，要到培训中心学习 1 年再上车，由业务熟练的司机带培 1 年后，才能独立操纵列车。取得普通铁路机车司机资格后，再由所在公司对取得这一资格的司机进行培训、考核，培训时间为 8 个月，其中 4 个月学习理论知识，4 个月跟车实作，考核合格后方能取得新干线机车驾驶资格。培养流程如图 3–1 所示。可见，在这种制度下，最终取得司机驾驶证并能够独立操纵列车的司机均具有较高的素质。

日本铁路企业的员工培训体系主要由在职岗位培训、社内集体研修、自我启发教育及补充教育四种形式构成，培训体系结构具有层次性、全面性和多样性等特点。其中，在职岗位培训是业务技术传承的主体方式，社内集体研修则是针对在职岗位培训内容之外的系统性学习和提高性教育，员工自我启发教育被看作企业未来源动力所在，是一种辅助支撑手段。

在培训内容上，除基本技术、业务知识及乘务员培养研修外，事故防止训练被单独提出来进行专项培训，安全观念被贯彻到培训的整个过程中。培训非常重视研修过程的感性认识，通过引进新式的实习设备，最大限度地接近现场工作实态，使司机踏上工作岗位后，在处理问题或事故时，有着过硬的技能水平和良好的心理素质。

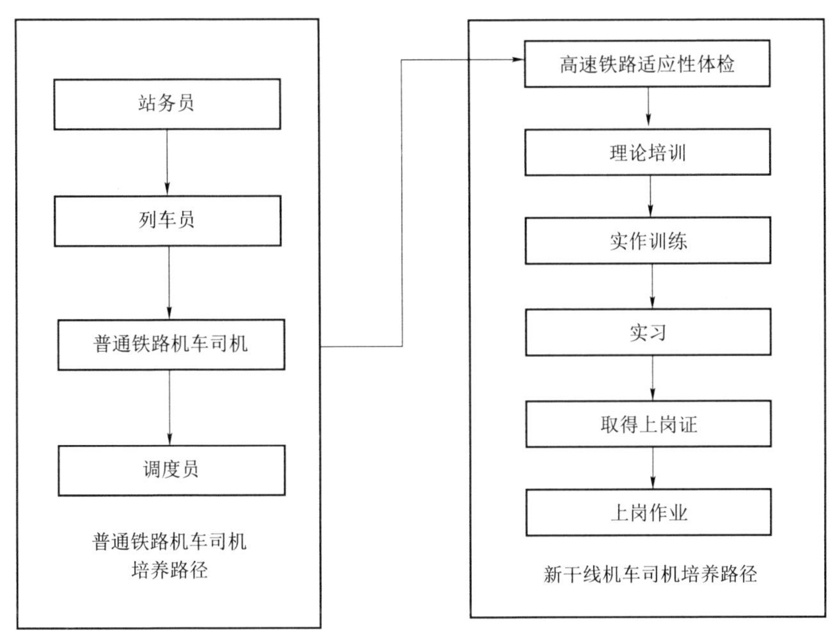

图 3–1 JR 东日本铁路公司新干线机车司机培养流程

具体的做法是，在员工培训中心，有一个历史事故展览馆，规定每位受训的员工，都必须认真地学习这里展出的所有资料。展厅用大量的实景照片、报刊消息、电脑模拟和立体模型再现事故的真实情况，展示 1952 年以后日本发生的历次重大铁路事故。

展览馆对展出的每一桩事故都采用三种方式来突出其警示性：一是事故的概要解说和当时的报刊消息及照片，简明扼要地解释事故发生的背景、直接原因和应对措施，让学员了解事故的基本情况；二是受害人的证词和媒体的评论，让学员进一步认识铁路员工，尤其是司机，所承担的社会责任；三是利用电脑模拟或立体模型再现事故现场、事故的具体经过和相关责任人当时的行为方式，让学员牢记教训。

同时，在展览馆的入口处写着：为确保铁路安全，我们每天使用的规则和设备都是根据过去的惨痛事故经验和反省建立起来的，为了让旅客安心出行，同时保护我们铁路员工自己的生命安全，不仅必须了解规则和设备的安全使用方法，还应该记住过去事故的教训，充分理解铁路运输工作潜在的危险和安全系统所起到的重要作用，从而成为“真正的铁路专家”。我们开设本展览馆是“为了不忘过去的事故，继承宝贵生命换来的珍贵体验，把从事故中学习作为对安全的基本态度。这里展览的事例有限，希望大家能够充分理解事故中总结出来的教训及对策，并落实到工作中，确保我公司成为世界第一安全的铁路运输公司”。①

二、法国轨道交通司机安全管理现状

鉴于机车司机在轨道交通员工队伍中属于对技能水平有较高要求的一个群体，并且机车司机对于轨道交通运输安全至关重要，法国轨道交通部门对机车司机设定了严格的岗位标准和晋升条件。

（一）司机岗位标准

法国轨道交通对司机岗位有三类岗位设置，不同的岗位对应不同的岗位标准。

1. 生产操作岗

司机

岗位标准：要求具有职业学校电子、电气等专业毕业证；高中毕业相关文凭；国家承认的上述相关专业 4 级或 5 级证书。

2. 基层管理岗位

1）司机班组长

2）设备管理人员

岗位标准：要求具有国家承认的机电、电子、电工维修专业方面的 3 级以上证书。

3. 干部岗位

1）车队队长（30 人车队）

2）部门负责人（100 人团队）

岗位标准：要求具有技术硕士学历（毕业于工程师学校和大学，相当于我国的工科硕士）。

① 林淼. 对 JR 东日本铁路综合研修中心考察的收获及启示. 铁道运输与经济，2008（5）：39–42.

（二）司机晋升条件

法国轨道交通部门对于机车司机有一套严格的筛选和考核办法。在招聘过程中，机车司机候选人要经过数个环节的考核评价：一是初步面试；二是医学检查；三是心理问卷测试；四是心理医生面试；五是就动机等问题进行面谈。一般而言，机车司机岗位的候选人除了要满足前文所述的学历要求外，还要具备车站或机务段维修部门两年的工作经验。

候选人入选司机职位之后，培训考核更是伴随其整个职业生涯。最初，司机要参加室内模拟和室外上线运行实习，该培训持续 180 天。在此之后，要经过严格的考试，考试包括三个部分：笔试、面试和实地检验。由段长亲自对入选的司机进行测试、谈话、考试，确定是否合格。通过考试后，被考核者才能获得其所掌握的机车类型和熟悉的线路上的驾驶认证，成为机车司机。

在整个职业发展过程中，机车司机还要经历相应的安全技能和晋升考核，包括素质条件、资质要求等。安全技能考核方面，更是有一套完整的考核程序。

三、德国轨道交通司机安全管理现状

德国轨道交通公司最常采用的是“双元制”招聘机车司机。每年招收的职业技术学校的毕业生中，大部分都是来自“双元制”。所谓“双元制”，是指学校和企业分工合作，共同完成人才培养。每年公司会根据岗位的需要，从中专生中择优录取学徒，培养为未来的司机。只要满足以下条件的中专生都可在招工网站上报名申请参加机车司机岗位的学徒职位：中学毕业成绩优秀；对技术工作有热情和兴趣；有责任感，易与人沟通，能处理紧急状况；通过相关能力测试和体检。

目前，德国轨道交通公司与 60 多所中专职业学校进行合作，每年从中学毕业生中招收学徒，并与他们签订培训合同。学习期间生活费由企业支付，学徒每周在企业进行 3～4 天的职业培训和实践，在合作学校（包括德国轨道交通公司自己的培训学校）进行 1～2 天的理论学习。培训的主要内容包括行驶模拟机上的培训、驾驶练习及在指导下驾驶机车。学徒必须通过以下课程的学习：

（1）轨道交通基础知识（52 课时）；

（2）运行规章（190 课时）；

（3）制动学习（32 课时）；

（4）出现技术故障时的反应（32 课时）；

（5）机车司机必备的驾驶技巧（166 课时）；

（6）列车控制系统（16 课时）；

（7）关于服务客户的知识（8 课时）；

（8）学习如何在压力下工作（12 课时）；

（9）有指导下的试运行（364 课时）。

可见，在课程的设置上，安全始终是培训的重点内容。

为期三年的培训结束后，学徒需要参加由公司、学校、工会、行业代表组成的委员会组织的考试，考试包括试驾驶和理论考试，达到 70 分（满分 100 分）为合格，准予毕业，并取得相应的学历证书和从业资格证。

德国根据司机从事业务的不同，将列车司机分为五个级别（LF2～LF6）。LF4 以上的司机除了自己能驾驶机车外，还要能承担培训新司机的职责。

五个等级之间的差别如下：

LF2——除驾驶外，领导和指导机车司机，如组长；

LF3——除驾驶外，负责培训、检查、组织和验收员工和学徒，如验收司机的人员；

LF4——除驾驶外，能培训、组织学徒进行学习的高级司机；

LF5——能在所有网路上驾驶的司机；

LF6——驾驶有一定限制的车辆种类或者线路的司机，包括驾驶调车机。

德国是最早针对铁路机车司机素质进行研究的国家，提出铁路机车司机应该具备对理论及技术问题的理解力、记忆力、反应速度和正确性、视觉及听觉能力、认知能力及工作能力等。

四、瑞士轨道交通司机安全管理现状

瑞士联邦铁路局（SBB）招募乘务人员、站务员及其他参与运转、管理的人员，都要对其进行生理和心理测试。利用检查装置进行详细适宜性检查的主要是针对机车乘务人员，选拔站务员的测试可以在心理学家的监督下于地方进行；而机车乘务人员则要在伯尔尼中心由心理学家亲自进行测试。机车乘务人员的生理和心理测试第一天在各地以笔试方式进行，心理适应性检查主要是智能测验，内容包括数学、逻辑思维、语言提示理解、文章理解、初级物理及工程学（机械和电气）知识，还要进行绘画和作文测试（属临床心理人格测试），然后试卷送到中心由心理学家评判。第二天安排半天进行生理检查（健康诊断、视力、听力），另外半天用适宜性检查仪 ART90 进行知觉正确度、注意力、视野开阔度、反应速度及正确度心理测试，然后还要由心理学家面试，时间为 30 分钟到 1 个小时。检查结果评为 0～5 共 6 个等级，0 级不及格。在瑞士，选拔受试对象包括航空飞行员管理官员、军队车辆驾驶员。欧洲其他各国铁路局，如荷兰铁路局（NS）、奥地利联邦铁路局（OBB）等，对国家机车乘务人员也都进行类似的适宜性检查。

除此之外，俄罗斯、瑞士、荷兰、奥地利、印度等国家也进行了大量相关研究，通过对机车司机进行职业适宜性评价（包括生理和心理健康的评价），来评价司机的安全素质。

第二节 我国轨道交通司机安全管理现状

中国在快速发展高速铁路的同时，对于高素质司机的需求也日益增长。动车组司机在中国高速铁路的发展史上有着重要的里程碑式意义，动车组司机安全管理也是我国铁路安全管理的新领域和新重点。北京市是中国轨道交通建设的先驱，司机安全管理方面较为成熟，所以下面以动车组司机和北京市轨道交通司机为例，来说明中国轨道交通司机安全管理状况。

一、动车组司机选拔测评体系

下面以铁路机车司机为例，阐述我国轨道交通司机选拔测评体系。铁路机车司机是铁路运输的特殊技术工种，担负着确保所驾驶的机车按图行车、安全正点、运行高效的岗位职责，铁路机车司机驾驶资格的取得逐步实行全国统考制，每年春、秋季各进行一次理论考试，统考合格者方准参加原铁道部授权单位（机车司机培训机构）组织的机车检查、机能试验和机车操纵技能考试，符合《铁路机车驾驶证管理办法（暂行）》条件，理论和实作考试合格，取得机车驾驶证后铁路机车司机方可驾驶机车。

铁路机车司机的招收，必须具备机务专业中专及以上学历，年龄不超过 45 周岁，能用普通话进行交流，身体健康，并符合机车乘务员体检标准。机务专业中专及以上学历的毕业生，到机务段乘务实习满半年（或乘务满 3 万公里），经考核合格后，可核发学习司机证。机车司机经过使用机型（内燃、电力）培训，考试合格后，方可驾驶相应类型的机车。报考司机需要担任学习司机一年（担任调车工作作业一年或连续乘务 6 万公里）。

铁路机车司机资格考试，分为理论考试、实作考试和体能测试。理论考试由考试培训机构和相关部门负责建立全国机车司机各项理论考试的题库，负责编制全国统考的场地、时间的总体规划及组织实施，负责检查考场纪律、监考及判卷工作等。身体体能测试由各地劳动卫生防疫部门依据 TB/T 3091—2008《铁路机车乘务员职业健康检查规范》进行，但目前还没有制定《心理测试检查规范》。为满足全国铁路第三次大面积提速和动车组列车开行需要，2007 年 3 月，《动车组司机管理办法》出台，进一步明确动车组司机选拔条件。

二、北京市轨道交通司机选拔和培养

北京地铁是中国首次修建的地铁。1965 年 2 月 4 日，毛泽东主席亲自在北京地下铁道建设方案的报告上做了“精心设计，精心施工，在建设过程中一定会有不少错误、失败，随时注意改正”的重要批示，并成立国务院北京地铁领导小组。1965 年 7 月 1 日北京地铁第一期工程开工，经过 4 年的艰苦奋战，全长 23.6 公里的地铁一期工程于 1969 年 10 月 1 日建成通车。截至 2015 年年底，北京地铁共有 18 条运营线路（包括 17 条地铁线路和 1 条机场轨道），组成覆盖北京市 11 个市辖区，拥有 334 座运营车站（换乘车站重复计算，不重复计算换乘车站则为 278

座车站）、总长 554 公里运营线路的轨道交通系统。[①]2015 年，北京地铁年乘客量达到 32.5 亿人次。[②]2015 年 12 月 31 日，北京地铁创下单日客运量最高值，达到 1 194.69 万人次。因此加强地铁司机的安全管理，是确保地铁安全运营的根本举措，也是贯彻公司"以市场为中心，以乘客需求为导向"服务理念的现实需要。

（一）北京市轨道交通司机选拔

在所有与地铁运营安全相关的人员中，司机是最重要的组成部分，是行车安全系统中的核心环节，在行车运行过程中起非常重要的作用。按照《北京市城市轨道交通安全运营管理办法》第二十三条的规定，所有电动列车司机都要接受严格的培训和考核方可取得驾驶资格。因此，正确、合理、高效地选拔、培养、评价和考核电动列车司机，即完善与地铁行车安全相关的关键岗位人员的选拔与评价体系，提高职工的基本素质和业务技能，成为影响行车安全的重要因素。司机各项素质水平的高低，如职业素质、生理和心理素质直接决定了列车是否能够正常运行、安全运行，也影响着事故发生比率等，这些素质与个体的安全管理是紧密结合在一起的。因此司机在应聘时所接受的考核除了考查其生理素质和职业素质外，心理素质方面的测试也非常有必要。通过对地铁司机进行心理素质测试，能够更科学、全面、客观地评价司机本身的心理素质与职业适宜性，对于公司对司机各项指标的掌控和管理，以及对于行车安全等问题的把握将起到重要作用。

根据城市轨道交通驾驶的特殊工作要求，对轨道交通司机除了有裸眼视力、胖瘦体型、身材高矮等生理素质方面的专业要求外，轨道交通司机还需要掌握城市轨道交通电动列车安全行车及应急处置基本技能，具有识读一般的机械图纸、电动列车设备和控制原理图的能力，具备电动列车的检查与准备、驾驶操作、故障判断及应急处理、列车调试等的能力。具体的基本要求如下。

（1）必须有高度的安全意识和服务意识，并且要有能够不断学习与遵守规则的素质，富有纪律性、严格执行规章制度是保证安全行车的基本因素之一。

① 北京将在 2030 年全面实现"1 小时交通圈". 人民网北京频道，2016-02-19.

② 北京市 2015 年暨"十二五"时期国民经济和社会发展统计公报. 北京统计信息网，2016-02-15.

（2）司机必须掌握列车的基本构造、性能，具有一般的故障处理能力，熟悉运行线路和停车场等基本设施情况，熟练掌握所在驾驶区段、停车场线路纵断面情况。

（3）司机必须掌握其他相关的业务能力和具有一定的应变能力，如懂得救援的过程和方法、懂得消防灭火的要求、学会扑灭初起火灾的方法、知道常用灭火器的使用方法等。

（4）司机必须经过考试合格，并取得电动列车驾驶证后才能独立驾驶电动列车。如脱离驾驶岗位 6 个月以上，驾驶列车前必须对业务知识和安全运行知识等进行再培训与考核，合格后才能上车。另外，还要满足相关的身体状况和心理状况要求。

（二）北京市轨道交通司机培训基地

城轨电动列车司机安全作业培训基地于 2009 年 3 月 31 日在北京地铁公司四惠车辆段内正式挂牌，这也是国内首家地铁列车司机培训基地。该培训基地成立后成为城市轨道交通电动列车司机的安全教育、技术培训、考试、取证的重要场所，培训能力达到同时在培人数 2 500～3 000 人，除了培养北京地铁自己的司机外，还面向全国进行人员培训。

城轨电动列车司机安全作业培训基地是在北京地铁公司内部培训基地的基础上，投入 2 000 多万元加以升级完善而成，已有 3 台世界先进水平的平面模拟驾驶器可供学员使用。另外，地铁公司还加紧与高等院校联合开发三维动感模拟驾驶器，并完成了 2 台的安装和调试工作，实现模拟驾驶器的升级换代。这种三维动感模拟驾驶器将可以模拟地铁新型车辆及车库内、地面线、高架线等具体场景，给学员提供较为逼真的练习环境。

此基地启用后，地铁公司在电动列车司机培训工作中继续严格按照特种作业人员培训教学标准开展培训工作，保障社会公共安全，并对全国范围内地铁列车司机培训考核工作的规范化起到示范和辐射作用。该基地使用的教材为北京地铁公司自 2000 年以来统一编写和修订的地铁电动列车司机培训教材《北京市地下铁道技术管理规程》《电动列车操纵规则》《北京市地铁电动车辆培训教材》《乘务员作业标准》等 10 余种，以及《地铁实用英语》音频教材和《乘务员一日作业标准化》视频教材等，完全可以满足培训需要。在此基础上北京地铁公司还开发出地铁行业职业技能全系列、全等级特种作业题库、特种作业理论考核阅卷系统、计算机考试和网上考试系统等，实现了培训与鉴定工作的网络化、标准化。

（三）北京市轨道交通司机培养流程

北京市轨道交通电动列车司机正常培养采用了“3+（3+2）+2+7+1”的模式：3 个月的电动列车司机培训鉴定中心的培训；3 个月模拟器驾驶训练；2 个月试车线实际驾驶训练；2 个月既有线路锻炼；7 个月学习司机正线实际工作能力积累；1 个月既有线路实习。电动列车司机培养周期为 18 个月。北京市轨道交通电动列车司机培养流程如图 3–2 所示。

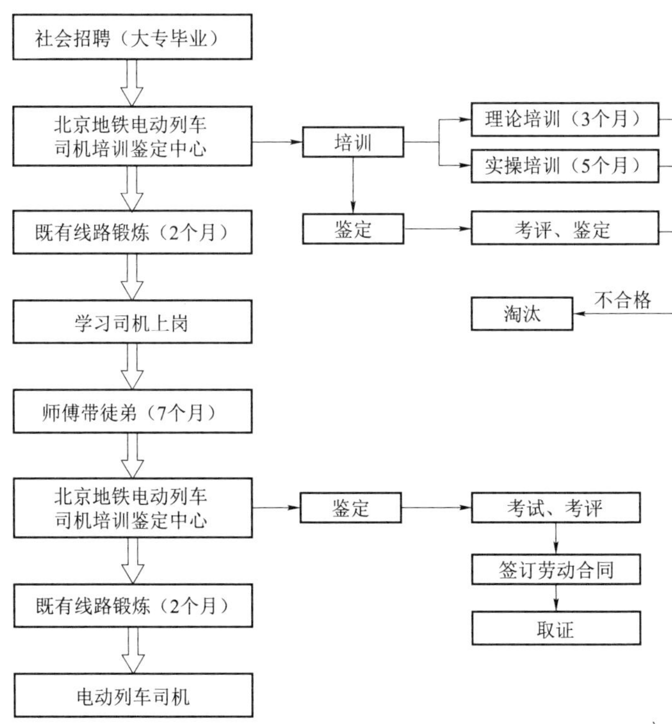

图 3–2 北京市轨道交通电动列车司机培养流程

第四章

轨道交通司机的安全性评价研究现状

如前所述，在行车安全中，人的因素，特别是轨道交通司机的因素所起的作用越来越突出，所以要提高轨道交通系统的总体可靠性，使行车安全处于一个可控的稳定状态，除了一方面花大力气，依靠科学技术进步，不断提高设备的可靠性和安全性外，另一方面也必须从人的因素上着手，不断提高行车作业人员特别是轨道交通司机的安全性。

本章在借鉴国内外相关理论的基础上，系统阐述胜任素质和行为视角下人的安全性评价概念，并研究基于胜任素质的轨道交通司机的安全性评价概念及其研究现状，根据轨道交通司机安全性评价的概念，指导轨道交通司机安全管理工作以提高司机的职业安全性，这既是轨道交通运输行车安全的基础，也是科学评价轨道交通司机的有效手段，对于积极预测、减少和预防司机安全性失误具有重要的理论与实践意义。

第一节　人的安全性评价概念

一、安全性评价

安全性评价概念和技术起源于 20 世纪 30 年代，是随着保险业的发展需要而发展起来的。安全性评价技术在 20 世纪 60 年代得到了很大的发展，首先被用于美国军事工业。此后，各种安全性评价方法和技术得到全面发展，陆续推广到航空、航天、核工业、石油、化工等领域，并不断发展、完善，成为现代安全系统工程的一种新的理论、方法体系，在当今安全科学中占有非常重要的地位。20 世纪 80 年代初期，系统安全工程引入我国，受到许多大中型生产经营单位和行业管理部门的高度重视。通过学习、借鉴国外相关经验，机械、冶金、化工、航空、航天等行业开始在安全管理中应用安全分析评价方法。

在安全性评价研究与应用的早期阶段，设计与安全技术能力不如当今，大多数系统失效均与硬件失效或破坏性环境事件相关联，研究关注的重点是硬件可靠性对系统安全性的贡献[①]。随着科技进步，工程技术克服了早期复杂系统中的许多问题，设备可靠性不断提高，运行环境得到明显改善，系统中人的因素显得越来越重要。学者们开始对系统中人的安全性进行评价。

二、人的安全性评价

安全性评价包括人的素质及其不安全行为、设备的完好性及其存在的事故隐患、环境条件的现状及其存在的不安全因素。安全性评价最早主要用于工业领域对设备的安全性和可靠性评价上。对机器设备的评价理论与测试方法已较为成熟。但对于生产系统中人的可靠性和安全性研究，无论在理论还是方法上都似乎由于人的复杂性而未有很大进展。这是由于人因分析存在一定的难度。主要表现在：

（1）人的特性极其复杂，不仅有生理和心理的，也有社会和文化的，且其变化呈现多样性和复杂性；

（2）人在系统内的行为不仅受到系统任务的支配，也受到个体内在因素及时间、空间、环境的影响，即人的行为是其行为形成因子集合的函数；所以做系统人因分析时，不仅需要描述行为者本身，还需研究行为者与系统中其他元素的关系，这是人因分析难以模型化的主要原因；

（3）不同的人在同样的环境可以有不同的反应，即人与人之间有个体差异，

① 张力. 概率安全评价中人因可靠性分析技术研究［D］. 长沙：湖南大学，2004：41–45.

致使研究结果具有不确定性，或难以有准确性；

（4）对控制人行为、特别是认知行为的大脑机能，至今尚未完全弄清楚；

（5）人因失误既频繁，又带有突发性和无序性，使得其数据收集和规律把握很困难；

（6）因系统及系统所处时刻而异，有相当数量的人员失误仅构成潜在的失效，或由于系统其他元素或保护系统的作用消除了人员失误的影响而未能引起人们的注意，常致使大量的重要人因信息丢失。

本书在上述理论研究基础上，将胜任素质视角下人的安全性评价定义为：以行为科学、认知科学、信息处理和系统分析、概率统计等理论为基础，运用安全工效学、安全系统工程学等多种方法，对影响人的安全状况的行为、生理和心理素质的状态进行科学准确的测量和评估，使人能准确、恰当、充分地完成其所承担的绩效标准范围内的工作任务，提高人成功地完成一项任务或作业的概率。

目前，企业在评价人的安全性时，仅仅是对已发生的事故、故障、异常进行分析。这种简单的方法很难评价出人的安全状态是处于什么水平，往往只能是大体上或凭印象给予评价。如责任心不强、思想麻痹等评价，其具体在什么地方“不强”和“麻痹”,“不强”“麻痹”到什么程度，就缺乏科学依据。人的安全性评价要求透过这些现象去研究它的本质，以解决安全管理上迫切需要解决的问题，从而有效地预防事故的发生，保障企业安全生产工作的顺利进行。

第二节　轨道交通司机的安全性评价

一、影响行车的安全性因素

从系统的观点出发，与运输安全有关的因素可以划分为四类：人、机器、环境及管理。这种分类具有下述优点：① 从构成生产系统的最基本元素出发，从事故的最基本原因着手，具有普遍意义；② 充分体现安全是一项全员、全过程的活动，在安全系统中，“人”是指作为工作主体的人，“机”是指人所控制的一切对象（包括固定设备和移动设备），“环境”是指人、机共处的工作条件，包括内部环境和外部环境；③ 考虑了人、机、环境对安全的影响，尤其考虑了三者之间的相互作用；④ 以管理作为控制手段，协调“人–机–环境”之间的相互作用，并将系统状态信息反馈给管理系统，从而改进系统管理方法，最终得到更为安全的系统。国内外重大行车事故分析表明，产生事故的原因是多方面的，它是人员能力、设备质量、管理水平和外部因素的综合反映，但人是行车安全工作中最重要、最活跃、最具有主观能动性的因素，设备最终要靠人去操作、监控、维修和保养，离不开人的责任心和主观能动性。据科学家理论推断，随着科学技术日益发展和进步，技术设备失误的概率与人失误的概率相比，后者是前者的 1 000 倍，因此从人的因素这个角度采取措施，避免人为失误的发生，提高人的工作可靠性，会使铁路行车事故大大减少。

鉴于在行车安全中，人的因素所起的作用越来越突出，所以要提高轨道交通行车系统的总体可靠性，使行车安全处于一个可控的稳定状态，除了依靠科学技术不断提高设备的可靠性和安全性外，也必须从人的因素角度着手，不断提高行车作业人员的素质，加强对他们的安全监护和管理。在论及提高行车人员胜任素质方面，过去的研究更多侧重于人的生理、思想和业务素质，在这方面积累了很多经验，采取了很多完善的措施和方法，确实对人员素质的提高起到很大作用。铁路运行环境的变化，对作业人员的心理素质提出了更高的要求，特别是轨道交通司机，为保证行车安全，要求他们有良好的心理条件。职业责任心、劳动纪律、技术业务素质都和心理素质密切相关，而在轨道交通司机的心理素质诸因素中，有许多是先天固有的。因此，研究人的因素，特别是轨道交通司机的安全性评价内涵，对轨道交通司机进行安全监护和管理，是确保行车安全的一个重要课题，这一点已经成了世界各国的共识并得到了普遍重视。

国内外学者在轨道交通司机的安全性评价理论研究方面取得了较为丰硕的成果，提出了众多的观点，并以职业适宜性选拔应用方面为主。

二、国外轨道交通司机安全性评价

目前，国外已经非常重视轨道交通司机安全性方面的研究，各国普遍认为，在行车安全中，人是起决定作用的因素，20 世纪 50 年代中期以来，日本轨道交通在改善运输安全方面取得了显著成效。日本于 1963 年成立劳动科学研究所，开展诸如人类心理学、生理学、人类工效学研究，日本高度重视人在保证行车安全中的特殊作用，特别是对轨道交通司机，有更高的要求，要求他们具备良好的职业生理和心理条件。对于新干线司机，要求他们通过 JR 行车适宜性检查，职业适宜性检查包括生理机能检查，如视力、听力、神色、心脏、血压等，心理检查如精神障碍、反应时间、注意力转移和分配、学习能力等多项检查，淘汰不合格或不良者，选拔职业生理和心理条件好的人做司机，提高司机工作的可靠性。实践证明这种方式是非常有效的，日本在国际铁路联盟第七次大会上介绍，采用了职业适宜性试验法后，司机的心理素质大大提高，行车事故率下降 45%。

俄罗斯等国家，也认识到从生理、心理角度选拔和评价轨道交通司机的重要性和必要性，苏联铁路医学科学研究院劳动心理学和职业选择研究室，对该问题进行多年的研究，确认保证司机具有职业适宜性的专有心理素质包括应急能力强、不怕工作单调、反应速度快、情绪稳定、遇事不慌，其中最主要的是应急能力。哈尔科夫铁路运输工程学院心理诊断实验室会同有关单位研制自动心理生理测试电子仪，测试人的心脏收缩频率及其易变性、皮肤电阻及其灵敏度、闪光融合频率、选择反应时间、时间间隔估计等，然后确定在单调工作条件下紧急动作的准备程度。根据对紧急动作的准备程度和消除疲劳能力的指标评价人的生理和心理状况及职业适宜性，挑选具有较好生理和心理素质的人担任司机，保证行车安全关键岗位上人的工作可靠性。用这种方法测试，在司机学校招收学生，职业适宜性预测不良者不超过 7.5%，而对造成了恶性事故的司机进行专门检查，职业适宜性不良者占 45%。因而推断，虽然没有像日本采用适宜性试验法事故率下降 45% 的确切数字，但可以淘汰容易造成恶性事故的司机近一半。因此可以看出，虽然职业适宜性检查标准和使用仪器有所不同，但是用此方法评价轨道交通司机，淘汰生理和心理不合格者，保证司机有较高的生理和心理素质，是降低行车事故率，保证行车安全的有效途径。

法国国营铁路公司（SNCF）对所有求职者都要进行生理和心理检查，并以此作为录用职员的参考因素，其中司机岗位要接受专门的适宜性检查。此外，当被怀疑有可能引发失误和事故，或在驾驶及行为方面出现异常苗头时，司机要接受临时性检查，当通过临时性检查判定其心理、精神状态极有可能诱发（导致）人为失误时，有关部门就要酌情采取相应的措施，如限定乘务范围、暂时停岗或更改配置等。

德意志联邦铁路（DB）在对司机进行评价时，要测试检查如下项目：对理论及技术问题的理解力、记忆力、反应速度和正确性、视觉及听觉认知能力、工作能力等，其生理和心理测试与日本、荷兰等国家大体一致，检查中心机能测试题目相当复杂，如对连续出现的灯光的颜色、位置及声音的高低由手脚动作做出反应；按顺序寻找数字，朗读印在该数字下的其他数字，同时说出上面数字的颜色等。这种测试的目的在于调查受测试人在紧急情况下的反应，评价其判断能力和行动能力[①]。此外，在知觉能力检查时使用铁路现场照片，智能测试中心的测试人员由 7 位心理学家、30 位检查员（其中 20 人为专职）组成。

在波兰，劳动心理研究所指定 16 项生理和心理素质标准对司机进行评价，上岗司机按作业等级进行检查和评分，然后进行鉴定。

在发展中国家，印度轨道交通部门也设有安全心理检查标准，定期对司机进行安全性检查。

三、国内轨道交通司机安全性评价

在国内，有关轨道交通司机安全性评价的研究起步较晚，但是随着我国轨道交通建设进程的加快，越来越多的学者注意到轨道交通司机在保障行车安全中的重要作用，并不断探索有关轨道交通司机的科学评价方法。本书将我国学者的研究分为如下发展阶段。

（1）探索学习阶段。自 20 世纪 90 年代以来，随着我国轨道交通行业对行车系统中司机因素的重视程度不断加大，轨道交通部门通过借鉴发达国家经验并提供大量经费开展相关研究，取得了一定进展。1990—1994 年，由北京交通大学主持，上海铁路局等四家单位共同参与承担的铁道部科技司计划项目《机车乘务人

① 张海琪. S 供电局运行人员安全职业适宜性评价体系研究［D］. 北京：北京交通大学，2010：5.

员生理与心理素质考评及标准制定》，在国内首次将铁路机车司机的生理与心理因素作为影响行车安全的重要因素加以深入地研究，建立了机车司机各项生理、心理指标评价体系，为机车司机的选拔评价研究奠定了理论基础。1995 年，王四德、叶玉华等通过借鉴日本铁路招收火车司机时的部分心理测验指标，对 200 多名司机进行了验证分析，得出了准动车组司机的心理素质评价指标；1996 年，刘士奇等研究了机车乘务员应具备的生理、心理素质，通过进行事故组与非事故组司机的对比，对这些素质指标进行了相关分析，得出了优秀司机具备的生理、心理素质指标，并建议在评价时应重点考察。此后又有一些学者从安全管理的角度对铁路机车司机的心理和生理素质与行车安全的关系做了相关研究，得出心理、生理素质在保障行车安全中发挥重要作用。为预测与监察火车司机中的高危人员，探讨安全型火车司机的生理和心理健康模型，1997 年，原南京铁道医学院预防医学系社会医学与卫生管理教研室与南京铁路分局调查研究了 1985—1993 年 11 个机务段 2 060 名司机和 8 601 例行车事故的规律、成因及危险因素，采用配对调查和社会、心理、行为、生理测试等方法，对数据做多元统计，分析结果表明，机车行车安全与司机职业安全的主要影响因素包括司机神经类型、反应时运动时、视力（包括色觉与视野等）、情绪、个性、注意力与作业稳定性等。同时研究结果还表明，事故组司机个性特征表现为抑郁、社会适应性差、神经质、高恃强性、低自律性、主观武断、固执、自我控制能力差等。

（2）实施与改进阶段。2004 年，北京交通大学主持了《乌鲁木齐铁路局哈密机务段柳园分段机车司机的职业素质测试与评价》项目，对 1994 年的研究进行应用，通过对柳园机务段全部 600 余名正、副司机进行了生理与心理方面的测试，进一步验证了生理、心理素质评价标准；同时，这一时期很多研究机构和学者从职业素质角度对轨道交通司机进行选拔和评价，并进行实证分析与验证。2006 年，铁道科学院施红生通过对西宁铁路分局西格段机车司机 500 人进行指标体系鉴定试验分析，提出了选拔青藏铁路司机应采用基础体检、高原适应性体检二级结构模型，为高原铁路司机的评价提供了参考标准；华东交通大学陈进等研究了大轮乘长交路双班单司机的乘务员队伍建设，提出了双班单司机值乘人员的评价指标，包括身体素质、文化知识、业务能力等方面。

（3）规范与提升阶段。为了配合我国列车的全面提速及动车组的开行，自2005年开始铁道部运输局、装备部和人才服务中心联合开展了时速200公里动车组司机选拔评价工作，规范和制定了科学的动车组司机选拔评价方法和流程。北京交通大学作为技术支持单位参与了动车组司机职业心理素质测评工作，并在总结实践的基础上，首次建立了动车组司机胜任力模型，构建了包括选拔、上岗、在岗、调岗、退役评价在内的动车组司机职业安全评价体系，明确了动车组司机安全性评价的指标。

相比之下，我国轨道交通运输安全方面有关司机安全性评价的研究主要集中在选拔方面，并且以铁路部门的应用为主，而有关轨道交通司机整体的（包括选拔、培训、在岗监测）安全性评价研究并不多见，本书基于我国轨道交通司机职业发展的现状，为轨道交通司机制定系统的、科学的、适用性强的安全性评价体系，为轨道交通司机的安全管理工作提供理论依据和科学指导。

实证研究篇

本篇在现状研究和理论研究的基础上，结合轨道交通司机的工作环境和岗位特点，对轨道交通司机的胜任素质模型和基于胜任素质的安全性评价体系进行了实证研究，以动车组司机为调查样本，建立了轨道交通司机胜任素质模型，在此基础上构建了轨道交通司机安全性评价体系，包括安全性评价的指标、方法和流程，以期指导轨道交通司机的安全性评价工作。

第五章

轨道交通司机胜任素质模型研究

爱德华·墨菲提出了墨菲定律，他认为只要存在发生事故的原因，事故就一定会发生，而且不管其可能性多么小，总会发生，并造成最大可能的损失。这就告诉我们，对任何事故隐患都不能有丝毫大意，不能抱有侥幸心理，或对事故苗头和隐患遮遮掩掩，而要想尽一切办法，采取一切措施加以消除，把事故、案件消灭在萌芽状态。现实中，人们往往等出了问题之后才忙于处理事故、案件，做一些“事后”工作，召开各种会议进行反思，总结教训，最后得出“惨痛结论”。亡羊补牢，加强防范，这无疑是必要的，但安全工作最好的办法还是将着力点和重心前移，在找事故的源头上下功夫，见微知著，及时发现事故征兆，立即消除事故隐患。

因此，从轨道交通司机的胜任素质入手，对其进行安全性评价和管理，可以从源头上消除安全隐患，保障行车安全。本章将以动车组司机为例，通过对动车组司机的现场调研，包括行为事件访谈、问卷调查等方法，构建轨道交通司机的胜任素质模型。

第一节　轨道交通司机调查样本分析

本书实证研究的调查样本来自动车组司机。自 2007 年 4 月高速铁路列车开行至今，全国共有 13 个铁路局和铁路集团公司开行了高速列车，其中包括北京铁路局、哈尔滨铁路局、济南铁路局、兰州铁路局、南昌铁路局、上海铁路局、沈阳铁路局、太原铁路局、武汉铁路局、西安铁路局、郑州铁路局、成都铁路局、广铁集团，动车组司机全部为男性。作为研究样本的动车组司机均拥有中专及以上相关专业学历，均经过“铁路货车司机—普通客车司机　直达特快客车司机”的工作过程，之后参加相关部门统一组织的动车组司机选拔，通过选拔者方能成为动车组司机。课题组参与了动车组司机选拔标准制定和具体选拔工作，依据所掌握的 1 875 名动车组司机资料，对动车组司机的基本情况总结如下。

（一）动车组司机年龄结构分析

动车组司机年龄结构主要集中于 31～35 岁，成为稳固状态，共计 757 人，占据总人数的 40.4%，同时向前后两个相邻年龄段有效延伸：36～40 岁年龄段司机共计 465 人，占据总人数的 24.8%；26～30 岁年龄段司机共计 449 人，占据总人数的 23.9%，此年龄段仍将保持增长趋势。以 31～35 岁年龄段为主体，26～30 岁年龄段为充给，36～40 岁年龄段为支撑的动车组司机选拔的年龄梯队结构已经初步形成。

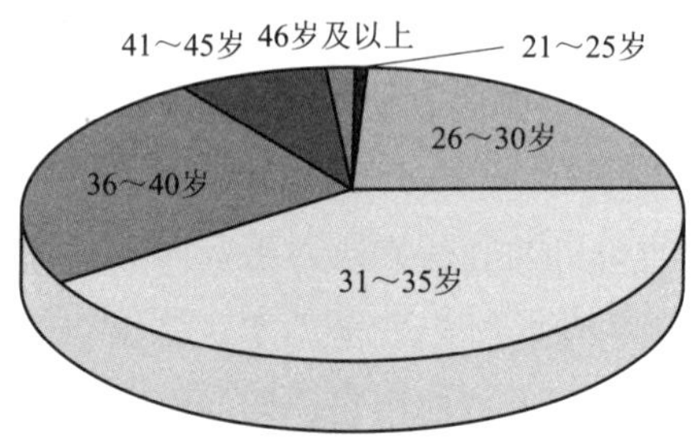

图 5-1　动车组司机年龄结构图

（二）动车组司机学历结构分析

动车组司机学历结构中，中专学历占据了绝对比例，共计 1 608 人，占总人数的 85.8%；具有大专及以上学历的司机仅占少数比例（具有本科学历的司机共计 13 人，占总人数的 0.69%；具有大专学历的司机共计 235 人，占总人数的 12.5%）。

动车组司机的学历总体处于较低水平。

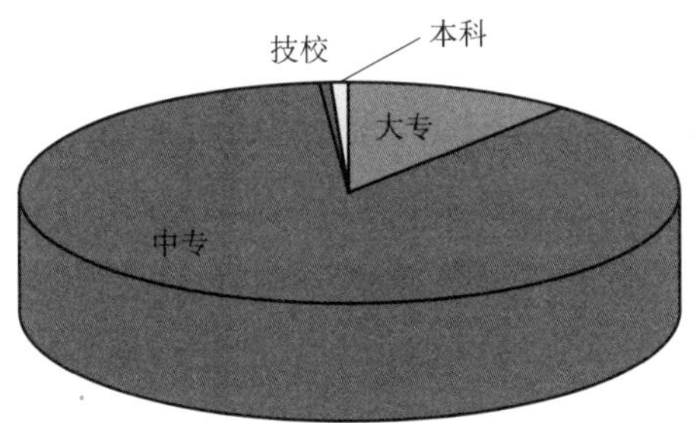

图 5–2 动车组司机学历结构图

（三）动车组司机技术等级结构分析

参与选拔的动车组司机中，高级工共计 1 769 人，占总人数的 94.4%；技师共计 104 人，占总人数的 5.5%；高级技师共计 2 人，占总人数的 0.1%。在动车组司机的技术等级构成中，高级工占据绝对比重，成为动车组司机队伍的构成主体。以高级工为基础的人员选拔，保障了动车组司机总体的技术和能力水平。

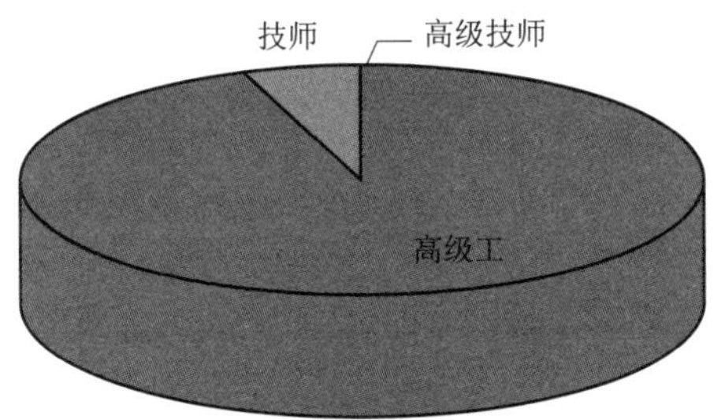

图 5–3 动车组司机技术等级结构图

（四）动车组司机安全里程结构分析

按照动车组司机安全乘务里程长短，划分了 10 个区间。其中安全乘务里程数在 50 万公里以下的动车组司机构成了选拔的主体，占据了总人数的 71.9%。随着安全乘务里程数的增加，各区间动车组司机人数分布总体呈递减趋势。

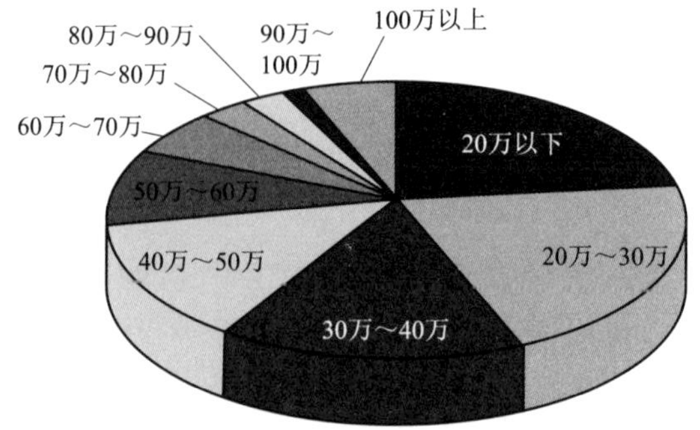

图 5–4　动车组司机安全里程结构图

第二节　轨道交通司机素质要求分析

动车组列车是目前国内铁路线路上运行的最先进的移动设备，配备有先进的自动控制系统、列车信息诊断系统及可保持“定速运行”的恒速装置等电子设备，具有速度快、技术含量高、操控难度大等特点，也使动车组司机面对全新的工作环境和工作内容。通过对动车组司机的跟踪添乘和访谈工作，总结出动车组司机的工作内容如下。

（1）出勤。按时到达接车地点。出勤前充分休息，精神状态良好，严禁饮酒。按规定整洁着装，携带驾驶证在规定时间到达出勤地点，接受酒精含量测试，领取行车有关资料。领取运行揭示并校对。领取 IC 卡，对本次出勤线路临时限速调度命令须核对无误。根据担当区段、天气等情况，制定运行安全注意事项，记录于司机手册。

（2）所内作业。确认高速列车型号，与地勤司机办理主控钥匙、耗电和质量交接，认真了解运用情况。完成所内车辆检查。将 IC 卡中的运行揭示读入列车运行监控记录装置并复核。

（3）出所作业。根据接班开车时刻提前出所。确认出所信号正确，例行呼唤，鸣笛出所。利用通信设备了解开车股道和走行径路，按信号显示出所。逐一确认呼唤调车信号，严守速度。进入车站到发线，按停车标志线停车。

（4）列车操纵运行。掌握 ATP 车载设备的等级、载频转换及各种模式的转换操作。掌握动车组升降弓、换弓的操作。掌握自动过分相、手动过分相的操作要点。掌握恒速装置使用时机及方法。掌握 ATP、LKJ 之间的转换操作和功能阀的转换。掌握 MON 显示器的操作方法。掌握头罩开闭操作办法。掌握在不同线路上平稳起动操纵办法。正确使用动车组的制动系统，掌握不同制动状态的制动距离及不同运行速度情况下的定点对标。遵守各项允许及限制速度，按列车操纵示意图和列车运行图行车。按规定执行呼唤应答和车机联控制度。熟练操纵列车，做到安全、正点、平稳、停车准确。掌握动车组重联及解编的操作方法。掌握列车有动力、无动力回送办法及操作。

（5）故障处理。看懂动车组相关电路图和制动系统管路图，熟悉实际部件的位置。掌握紧急复位、复位开关的使用时机及方法。掌握各切换开关的使用时机和方法。掌握设备的远程切除和复位的时机及方法。掌握联挂解编手动操作面板的操作方法。掌握制动系统供给、紧急塞门位置及故障应急处理办法。

（6）非正常运行与事故处理。掌握运行中遇突发事件后的通报、防护方法与要求。掌握汛期和天气不良时的安全行车方法和要求。掌握行车设备不正常的情况下安全行车的方法和要求。掌握发生行车事故后的处理办法。掌握列车救援的办法和复轨器的使用。

（7）终到站作业。司机使列车保持制动状态。到站停稳后，司机开启车门。入所前与随车机械师联系，确认关门灯点亮；确认入所信号、股道号码信号、道岔开通信号、道岔标志显示正确，例行呼唤，鸣笛入所。所内走行要严格控制速度，确认股道开通及信号显示正确。进入整备线准确位置停车后，到达司机使动车组保持制动状态，与地勤司机办理交接手续。

（8）退勤。退勤前，司机应正确填写报单，并对本次列车的早、晚点情况进行分析并做出记录。退勤时，向机车调度员汇报本次列车安全及运行情况，交回司机报单和司机手册等，办理退勤手续。

高速铁路列车速度快、运行自动化与智能化程度高的特点，要求动车组司机必须具备电子、电器、计算机等方面的理论知识和很强的操作技能。与传统的内燃、电力机车司机相比，动车组司机承担着全列设备的操作和监控，驾驶技术和职责范围都发生了变化。在工作内容分析的基础上，结合动车组司机的实际工作环境，分析得出动车组司机岗位说明书，如表 5–1 所示。

表 5–1 动车组司机岗位说明书

岗位名称	动车组司机
直接上级	高速铁路动车组运用车间主任
岗位任务	（1）进行动车组换端、换乘操作； （2）操纵动车组进行同型动车组的联挂与解编； （3）使用列车信息控制系统和各种通信设备，根据仪表及屏幕显示信息合理驾驶动车组，确保动车组平稳运行、安全正点； （4）根据显示器显示的故障信息，按照动车组应急故障处理办法，对动车组运行途中发生的故障进行处理； （5）按照动车组非正常行车预案内容，处理好动车组救援、区间接触网停电、受电弓故障、恶劣天气状况下行车等非正常情况； （6）发生行车事故后，按有关规定及时处理
工作环境	（1）有电力磁场作用； （2）持续振动环境下作业
任职资格	（1）有强烈的责任心和自律性，有较强的学习能力，能够快速掌握新知识、新技能； （2）具有中专以上相关学历和电力机车驾驶证，安全乘务 10 万公里以上； （3）具备相关理论知识和各项专业技能； （4）年龄 45 岁以下，符合《铁路机车乘务员职业健康检查标准》（TB/T 3901—2004），且生理、心理指标达到有关要求

第三节 轨道交通司机胜任素质模型构建流程

一、轨道交通司机胜任素质模型构建原则

胜任素质模型的构建过程，必须遵循一些重要而基本的原则。这些原则既是素质模型实践经验及其技能技巧的科学总结，又是素质模型实践的思想方法。

（一）定性分析与定量分析相结合

所谓定性分析，就是采用经验判断与观察的方法，侧重从行为的性质方面对

胜任素质进行萃取。而定量分析，就是采用量化的方法侧重从胜任素质萃取的数据分析中，进行核心胜任素质确定。任何事物都有质与量的形式，光是定性测评，只是反映了胜任素质的性质特点；仅是定量测评，那么就会忽视胜任素质的质量特征，无法确保所需的核心胜任素质。此外，只从定性内容上去测评胜任素质是不深入的，往往是一种模糊的印象判断；而仅仅从定量形式方面去测评胜任素质，则往往是不完全的，是一种表面与形式的测评。

（二）静态分析与动态分析相结合

静态分析即对被测者已形成的胜任素质水平的分析判断，是以相对统一的方法在特定时空下进行的分析，不考虑职位前后的变化性及胜任素质未来的需求。静态分析的优点是便于横向比较，可以看清被测者之间的相互差异及是否达到了统一标准，但忽视了被测评者的原有基础和未来发展趋向；动态分析则是从胜任素质形成与发展的过程而不是结果进行分析，在未来的不同时间点进行前后胜任素质对比或未来职位素质需求评析，这种动态分析有利于了解胜任素质的需求变化及被测评者自身的发展。因此，进行胜任素质提炼、分析既要看目前的胜任素质标准，又要看将来发展的潜能，既要采用问卷调查等静态形式，又要采取行为事件访谈、评价中心等动态方式来测评胜任素质。

（三）要素分析与行为分析相结合

所谓要素分析，是指对胜任素质结构的要素分析，这些要素往往是对个体胜任素质的分解和概括，相对于具体的行为来说，它具有抽象性、概括性与综合性。与此对应的是行为，行为是要素最具体、最表层的形式。任何一种素质的表现行为都是独立的和具体的。因此要素分析与行为分析，对于胜任素质萃取与分析来说是相辅相成的。有要素分析没有行为分析是无法比照的，也是琐碎无意义的。

（四）胜任素质研究与绩效考评相结合

胜任素质研究和胜任素质模型的构建要以一个群体的专业能力、社会能力和个人特质为对象。胜任素质的提取及岗位胜任素质标准的确定，都需要参照绩优者与绩效平平者的素质对比。胜任素质研究要以绩效考评为基础，胜任素质是取得绩效的条件保证，而绩效是胜任素质高低的事实证明，因此应该以胜任素质模型考评绩效，以绩效考评验证胜任素质模型。

（五）胜任素质研究与指导开发相结合

胜任素质研究本身不是目的，而只是一种手段。如果只是对个体的胜任素质进行研究而不再进行有针对性的指导与开发，就无法为人力资源管理工作提供参考和借鉴。因此胜任素质研究应该与素质开发相结合，通过指导培训，扬长避短，解决问题。同样如果人力资源开发不以胜任素质模型研究为基础，那么开发很容易盲目行事，事倍功半，得不偿失。

二、轨道交通司机胜任素质模型构建模式

常用建立胜任素质模型的工具主要有：直接观察法、工作分析访谈、专家小组讨论、关键事件技术、问卷调查、工作说明书分析、借鉴现成的胜任特征模式或专家系统数据库等方法。这些方法各有其优缺点，可根据具体的职位要求，考察这个职位所处的环境，包括有形的和无形的背景环境，同时考虑组织的行业类型、组织战略和目标、组织气氛、企业文化和价值观、管理风格和价值观、目前所具备的条件等方面，从而决定选用什么方法来建立胜任素质模型（宋婵蓉，2003）。

胜任素质模型的建立过程是提炼核心胜任素质指标的过程，本书将胜任素质模型的构建模式看作是一种数据萃取和分析的黑箱模式。建立素质模型时，需要一定的素质萃取方法，可以采用情境刺激或问卷评测，然后观察其做出的各种反馈，分析所输出的各种信息，建立素质标准，而后进行检验判断，从而正式建立胜任素质模型，如图 5–5 所示。胜任素质模型的运作方式可以看作是一条链状的输入–输出流程，因此提出了链式模型，包括胜任素质输入、胜任素质萃取、胜任素质输出三个环节。

（1）胜任素质输入。综合运用行为时间访谈和问卷调查的方法，将胜任素质信息输入胜任素质萃取程序。采用 STAR 模型编制行为事件访谈提纲，对行为事

件访谈结果进行编码，提取初始素质指标，编制动车组司机胜任素质调查问卷；在预调研基础上，对胜任素质问卷进行修正和完善，再进行大范围问卷调查。

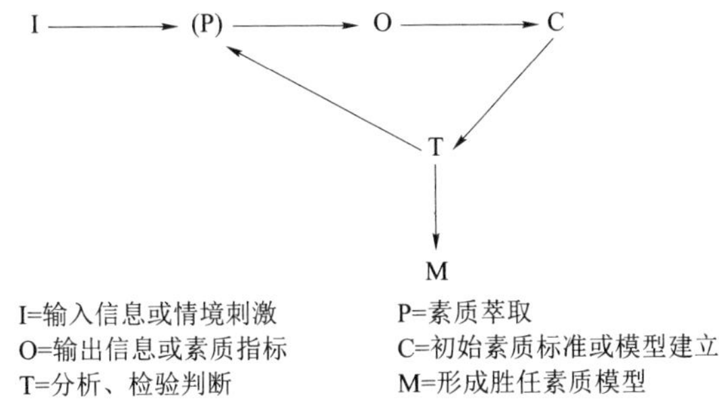

图 5-5　胜任素质模型构建模式

（2）胜任素质萃取。通过对动车组司机胜任素质调查问卷进行数据分析，萃取胜任素质指标。将动车组司机胜任素质调查问卷数据随机平分为 A 组和 B 组，对 A 组胜任素质问卷的项目进行探索性因子分析，采用主成分分析法，抽取特征值大于 1 的要素，建立初始胜任素质指标。

（3）胜任素质输出。对萃取的胜任素质指标进行检验，输出最终的胜任素质模型。对动车组司机胜任素质调查问卷中 B 组数据进行验证性因子分析，探究和检验模型的结构，得到最终的动车组司机胜任素质模型。

第四节　轨道交通司机胜任素质数据获取

一、行为事件访谈

（一）行为事件访谈提纲设计

行为事件访谈法是指通过对被访谈人过去行为事件的深入访谈获取相关信息，行为事件访谈借助 STAR 模型开展。STAR 模型包括以下 4 部分内容。

S（situation），情境：那是一个什么样的情境？什么样的因素导致这样的情境？在这个情境中有谁参与？

T（task），任务：您面临的主要任务是什么？要达到什么样的目标?

A（action），行动：在那样的情境下，您当时心里有什么样的想法、感觉和想要采取的行为是什么？我们要特别了解被访者对于情境的认知和事例的关注点。

R（result），结果：过程中发生了什么事？最后的结果是什么？

按照 STAR 追问的四个步骤，逐步将被访谈人的陈述引向深入，并逐渐挖掘出被访谈人潜在的信息。研究表明行为事件访谈法是收集信息最准确的方式。前文通过工作分析，总结出了动车组司机的素质要求。在访谈过程中，要有针对性地围绕这些素质要求进行追问和引导，使行为事件访谈更具目的性。

（二）行为事件访谈过程

在正式访谈之前，选取 10 名动车组司机进行预访谈。通过预访谈工作，对访谈提纲中不恰当的指导语和问题表述进行了修改，统一了所有访谈人员的访谈流程和访谈时间。在此基础上，随机选取了 50 名动车组司机进行行为事件访谈。Gay（1992）认为：相关研究受试者应至少在 30 人以上；因果比较研究和许多实验研究，各组的人数至少要有 30 位；如果实验研究设计得宜，有严密的实验控制，每组受试者至少应在 15 人以上。本书研究样本量达到了相应要求。

为了对动车组司机胜任素质要求进行更全面深入的了解，研究人员选取了直接管理动车组司机的 4 名车队长进行了行为事件访谈。访谈过程采用录音笔记录，每次访谈时间控制在 30 分钟左右，访谈结束后将所有访谈材料转录为文字资料，包括 50 名动车组司机访谈资料和 4 名车队长访谈资料。

（三）访谈资料的筛选和编码

在进行访谈材料编码之前，需要对访谈材料进行筛选，不是所有的访谈材料都可以编码归类。访谈材料的筛选标准：一是被试能够清晰表达自己处理关键事件时的思想和行为；二是所描述的关键事件行为与高速铁路列车驾驶活动有关。

根据行为事件访谈笔录资料，运用主题分析和内容分析方法，提炼文本中的关键事件主题。主题主要包括：被访谈者对情境的判断和理解、关注点、人物的思考、动机、情感、行动、结果及其他特质 8 个方面。从中提取所涉及的能力与知识要素，并进行记录汇总。根据胜任素质词典初稿，分辨关键事件中出现的胜任能力的行为指标，归类编码。编码记录包括胜任能力在文本中出现的位置，胜任能力代码与等级，通过频次统计，筛选出提及率超过 50%（即大于随机性）的要素，作为设计大规模调查问卷的依据。表 5–2 是访谈资料的编码过程示例。通过对行为事件访谈资料的编码分析，得到动车组司机初始胜任素质指标，如表 5–3 所示。

表 5–2　访谈资料编码（示例）

访　谈　内　容	胜任特征	正负	频次
指导语：……			
Q：请你谈谈自任现职以来，你自己感觉最失败的或最不满意的 2～3 个工作事例，这些事例是在什么背景下发生的？当时面临什么样的任务？你采取了哪些行动？最后取得了怎么样的效果？（启发式提问）			
A：有一次那个监控器显示白灯，它是过不去的，不过呢，用解锁就可以过去……结果我停车了，反正解锁那方法是最好的方法，我那就比较笨吧……对对对，但两种方法都可以，那种方法是最好的。脑子里面会出现几种排列组合然后再选	逻辑能力 反应能力 思维逻辑	+ – +	1 1 2
Q：就您的工作而言，是否有一些特殊的技能或者素质要求？与普通动车组司机或其他司机相比，哪些素质更重要？能举一些具体的实例吗？			
A：应变能力，比较高一些，主要是应变能力。现在你就自己，在这线上出来的事情都是突发事情，像 ATP 故障，它一故障就停车了……还有赶上一次进站……就是在信号机之前停车，跟调度联系，确认一下区间空闲，完了之后把那 ATP 操作就行了，使用目视运行，这故障停车，跟调度联系，完了一分钟吧就可以开车了。像基础业务知识，这个，可以后来再学嘛，反正，用功就行了	应变能力 专业知识 视觉能力 专业知识	+ + + +	2 1 1 2
…………			
结束语：……			

表 5–3　动车组司机初始胜任素质指标

项目	行　为　描　述
责任意识	具有强烈的责任意识，时刻考虑人民生命财产安全
身体素质	身体条件好，能够连续工作，具有良好的抗疲劳能力
专业知识	高速铁路列车理论知识和操作章程

续表

项目	行 为 描 述
逻辑判断能力	对车况和路况的变化能够及时做出正确判断
学习能力	主动学习，接受新鲜事物的能力
执行能力	自我控制能力好，能够严格执行规章和调度命令
视野深度与广度	具有开阔的视野，能够注意行车周边环境
瞬时记忆能力	具有良好的记忆力，能够瞬时记录相关的调度命令等信息
⋮	⋮

二、轨道交通司机胜任素质问卷调查

（一）问卷编制

依据行为事件访谈得到的动车组司机初始胜任素质指标，编制《轨道交通司机胜任素质调查问卷》。问卷的问项均用 Liket–5 量表测量。量表记分方法为："5"代表所述胜任素质指标对于成为一名动车组司机来说"极其重要"；"1"代表所述胜任素质指标对于成为一名动车组司机来说"极不重要"。在测量正式实施前，对所编制的问卷进行了小规模的预测与修正。

（二）预试调查研究

预调查对象为动车组司机。预试共发放问卷 100 份，回收 93 份，其中有效问卷为 90 份，回收有效率为 96.8%。问卷施测后，进行数据录入和整理，并进行初步的数据分析，动车组司机胜任素质调查问卷 t 检验结果鉴别度较低的题项如表 5–4 所示。从项目分析的 t 检验结果来看，A1、A3、A6、A10、A17、A21 六个题目分组后，t 检验的 p 值大于 0.001，鉴别度较低，应该删除。

表 5–4 t 检验结果鉴别度较低的题项

题项	F	显著性	t	显著性（双侧）
A1	0.065	0.791	0.701	0.479
			0.701	0.491

续表

题项	F	显著性	t	显著性（双侧）
A3	10.511	0.002	2.815	0.005
			2.796	0.006
A6	0.378	0.538	2.198	0.029
			2.231	0.029
A10	0.389	0.498	0.867	0.378
			0.881	0.378
A17	0.021	0.910	0.669	0.501
			0.680	0.502
A21	6.994	0.088	–0.296	0.751
			–0.301	0.753

通过项目分析后，采用因子分析中的主成分正交极大旋转法对问卷进行分析。在进行因子分析前，首先要检验样本数据是否适合进行因子分析，判定的指标通常有两个，即 KMO 值和 Bartlett's 球形检验值。根据学者 Kaiser（1974）的观点，当 KMO＜0.5 时，较不宜进行因子分析。本样本的 KMO=0.846，表示适合进行因子分析。Bartlett's 球形检验值为 1 976.76，p 值小于 0.001，达到了显著水平，也表明适合进行因子分析。

在因子分析过程中，主要参照各个项目的共同度和因素负荷值，对部分项目进行了筛选。选取项目共同度高、因素负荷值高的项目，删除项目共同度低、因素负荷值低的项目。最后，根据主成分分析结果，以特征值大于或等于 1 为原则抽取因子，确定问卷被抽取出的、可解释的有效因子有 4 个，共 20 个项目，方差累积贡献率为 81.2%。数据结果如表 5–5 所示。

表 5–5 旋转因子负荷矩阵

题项	1	2	3	4
A34	0.728			
A28	0.687			
A35	0.632			
A16	0.601			

续表

题项	1	2	3	4
A30	0.587			
A22	0.558			
A2	0.521			
A5	0.504			
A27	0.457			
A14	0.426			
A7	0.398			
A33	0.377			
A31		0.688		
A8		0.645		
A9		0.583		
A15		0.562		
A32		0.538		
A19		0.514		
A29		0.461		
A26		0.417		
A13		0.398		
A24			0.617	
A25			0.546	
A18			0.519	
A23			0.434	
A20			0.399	
A11				0.614
A12				0.558
A36				0.519
A4				0.477

参照因子分析结果，去掉项目共同度低、因素负荷低的项目，再请专家对每个项目的语义、普遍性及重要性逐条进行审核。最后汇总为 4 个维度，总共 20 个项目的正式调查问卷，分别是：责任意识、情绪稳定、语言表达能力、执行能力、人际关系、应变能力、逻辑判断能力、身体健康、注意力分配能力、复杂反应能力、学习能力、行车经验、作业稳定性、视野深度与广度、自我调节能力、

瞬时记忆能力、抗工作干扰能力、车辆基础知识、抗压能力、掌握规章制度。

（三）正式调查研究

在正式调查中，共发放动车组司机胜任素质问卷 800 份，回收 710 份，其中有效问卷 680 份。参与调研的动车组司机均为男性，其中年龄大都介于 31～40 岁，占到 73.2%，担任司机年限大都介于 11～15 年，占到 52.3%，其中样本信息如表 5–6 所示。

表 5–6　调查样本基本信息（*n*=800）

项目	类别	人数	百分比
担任司机年限	10 年以内	157 人	19.6%
	11～15 年	528 人	66.0%
	15 年以上	115 人	14.4%
年龄	20～30 岁	56 人	7.0%
	31～40 岁	586 人	73.2%
	40 岁以上	158 人	19.8%

第五节　轨道交通司机胜任素质数据分析及模型构建

首先把全部 680 份有效问卷随机分成相等的两部分，利用一半问卷进行探索性因子分析，利用另外一半进行验证性因子分析。

一、探索性因子分析

采用因子分析中的主成分正交极大旋转法对问卷进行分析。本样本的 KMO=0.827，表示适合进行因子分析。Bartlett's 球形检验 p 值小于 0.001，达到了显著水平，也表明适合进行因子分析。采用主成分分析法，得到 4 个因素，累计方差贡献率为 72.18%，并删除 5 个因素负荷低于 0.5 的项目（见表 5–7）。

表 5–7 探索性因子分析结果

命名维度	素质指标	F_1	F_2	F_3	F_4
个性特征	责任意识	0.664			
	情绪稳定	0.583			
专业知识	车辆基础知识		0.698		
	掌握规章制度		0.557		
专业能力	复杂反应能力			0.718	
	注意力分配能力			0.703	
	学习能力			0.673	
	作业稳定性			0.629	
	视野深度与广度			0.562	
	瞬时记忆能力			0.544	
基础素质	应变能力				0.704
	执行能力				0.688
	语言表达能力				0.634
	逻辑判断能力				0.605
	身体健康				0.571

如表 5–7 所示，在动车组司机胜任素质问卷中，总共抽取出了 4 个维度。第一个维度包含责任意识和情绪稳定两个项目，每个项目的负荷均在 0.583 以上，主要是有关动车组司机个性、情绪等方面的特征，因此命名为“个性特征”。

动车组司机胜任素质问卷的第二个维度包含车辆基础知识和掌握规章制度两个项目，每个项目的负荷均在 0.557 以上，主要反映动车组司机专业知识和素质方面的特征，因此命名为“专业知识”。

动车组司机胜任素质问卷的第三个维度包含复杂反应能力、注意力分配能力、学习能力、作业稳定性、视野深度与广度、瞬时记忆能力共 6 个项目，每个项目的负荷均在 0.544 以上，项目涉及内容为动车组司机的各项专业能力状况，因此命名为“专业能力”。

动车组司机胜任素质问卷的第四个维度包含应变能力、执行能力、语言表达能力、逻辑判断能力、身体健康共 5 个项目，每个项目的负荷均在 0.571 以上，项目涉及内容为动车组司机的基本素质和要求，因此命名为“基础素质”。

至此，我们得到了动车组司机的胜任素质模型由个性特征、专业知识、专业能力和基础素质 4 个维度共 15 个胜任特征因素构成（见图 5–6），然而，这个因素结构是否合理和可靠，还需要进一步验证。

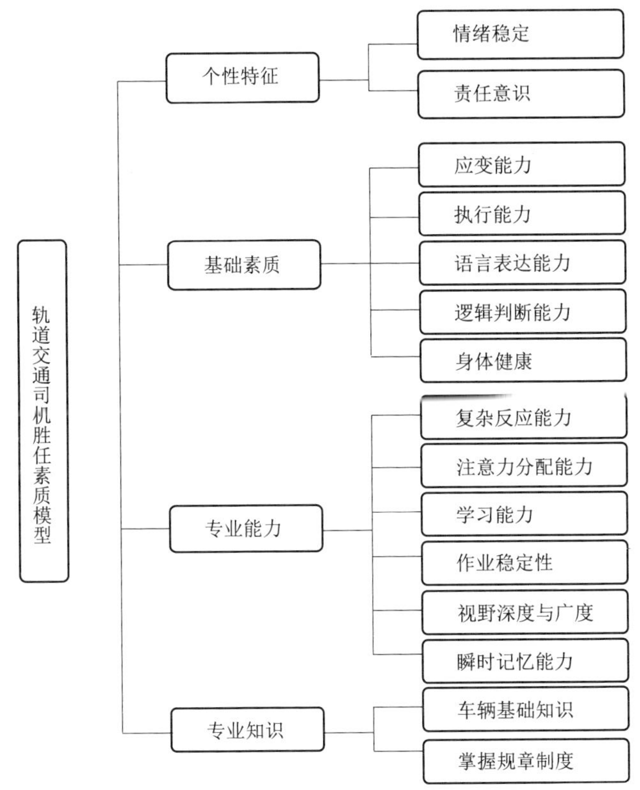

图 5–6 轨道交通司机胜任素质模型

二、验证性因子分析

探索性因子分析的结果，表明模型较好地得到了观测数据的支持，但是该模型是否为最优，尚需和其他模型相比较。通过分析近年来学者有关铁路司机胜任特征的研究，结合相关专家的建议和意见，本研究提出三个可比较的模型，即二维模型、三维模型和五维模型。二维模型是将上述因子分为“技能素质”和“基础素质”两个维度；三维模型是将上述因子分为“个性特征”“技能素质”及“基础素质”三个维度；五维模型是将身体健康从基础素质中分出，即分为“个性特征”“基础素质”“职业健康”“专业能力”及“专业知识”。将上述不同维度模型与探索性研究中得到的四维模型进行比较，结果如表 5–8 所示。

表 5–8　四种模型的比较

	χ^2	df	χ^2/df	GFI	IFI	TLI	CFI	RMSEA
二维模型	424.671	116	3.661	0.807	0.815	0.728	0.845	0.089
三维模型	341.286	132	2.586	0.788	0.903	0.756	0.799	0.078
四维模型	375.452	187	2.008	0.901	0.923	0.902	0.917	0.073
五维模型	486.388	152	3.199	0.899	0.895	0.872	0.894	0.082

在分析中，发现四因素结构拟合最好。四因素模型卡方检验值与自由度的比值为 2.008，一般认为小于 3 即代表整体拟合优度良好；同时，GFI、IFI、TLI、CFI 的值都在 0.9 以上；此外，均方根误差（RMSEA）的点估计值为 0.073，该指标值在 0.08 以下表明契合度较为理想，因此说明四因素结构总体拟合度较好（见图 5–7）。

三、信度和效度检验

（一）信度分析

信度是指检测结果的稳定性或一致性，是反映被测真实程度的指标。本研究采用常用的内部信度检测方法 Cronbach's alpha，通过 SPSS19.0 统计分析软件计算所得数据，可得《轨道交通司机胜任素质调查问卷》的 Cronbach's alpha 系数为 0.824，同时个性特征、专业技能、专业知识及基础素质四个维度的 Cronbach's alpha 系数分别为 0.689、0.762、0.749 和 0.824。学者 Devellis（1991）认为 Cronbach's alpha 系数在 0.65～0.70 范围内是最小可接受值，在 0.70 以上信度是相当好的，由此说明研究量表具有较好的内部一致性信度。

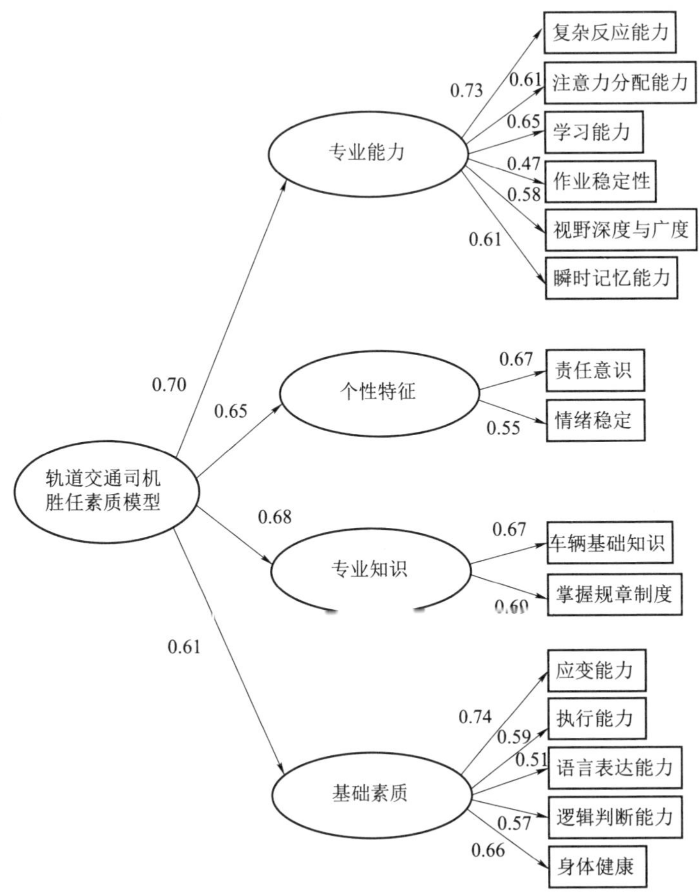

图 5-7 轨道交通司机胜任素质结构标准化路径模型

（二）效度分析

由上文验证性分析结果可知，本研究所得出的动车组司机胜任素质模型结构拟合度较好，因此说明测量量表具有良好的结构效度；同时，在编制动车组司机胜任素质调查问卷时，是根据前期的研究在动车组司机访谈及工作分析的基础上构建的，并且经过了有关专家的评判，对条目的用语是否恰当、有无歧义等方面进行了评价和修改，保证了动车组司机评价问卷的项目能够最大限度地反映动车组司机岗位要求和特点。因此，问卷的内容效度也在一定程度上得到了保证。

第六章

轨道交通司机胜任素质与行车安全性的关系

本章主要以动车组司机为例，依据建立的轨道交通司机的胜任素质模型，研究胜任素质与行车安全性的关系。在本书的研究中，轨道交通司机的行车安全性将用安全绩效来衡量。轨道交通司机的安全绩效指轨道交通司机在一定时期内的安全工作任务在安全行驶公里数量、安全任务完成质量及效率方面的情况，因此，安全绩效的高低在一定程度上反映了轨道交通司机的行车安全性。

通过相关性分析和回归分析，得到如下结论：轨道交通司机安全绩效与胜任素质整体水平和各维度之间均存在显著正相关；轨道交通司机安全任务绩效与胜任素质整体水平存在显著正相关，与胜任素质个性特征、专业能力、专业知识维度显著正相关，与基础素质维度没有显著正相关关系；轨道交通司机安全关系绩效维度与胜任素质整体水平显著正相关，与胜任素质个性特征、基础素质维度显著正相关，与专业能力、专业知识维度没有显著正相关关系。

第一节　轨道交通司机胜任素质与安全绩效相关分析

一、轨道交通司机安全绩效测评体系

1993 年，Borman 和 Motowidlo 提出将工作绩效分为任务绩效和周边绩效的二维分类方式，研究表明胜任素质各维度对任务绩效和周边绩效的影响程度不同。本研究采用胜任素质二维分类法，从安全任务绩效和安全关系绩效两个维度对轨道交通司机安全绩效进行研究。

（一）轨道交通司机安全任务绩效

安全任务绩效是指与工作产出直接相关的，能够直接对其工作结果进行评价的这部分绩效指标。这一绩效与具体职务的工作内容密切相关，同时也和个体的能力、完成任务的熟练程度和工作知识密切相关。任务绩效是相对一个人所担当的工作而言的，即按照其工作性质，员工完成工作的结果或履行职务的结果。轨道交通司机的主要工作任务是安全驾驶动车组列车，并保障高速列车的平稳运行和准点到达。本研究以违章行为的出现作为影响任务绩效的消极因素，以成功解决突发事件或工作创新行为作为影响任务绩效的积极因素，来计算轨道交通司机的任务绩效完成情况。设定轨道交通司机任务绩效满分为 10 分，出现违章违规行为就扣除相应分数，出现成功解决突发事件或工作创新行为则增加相应分数。① 按照现有违章统计，共有 A、B、C、D 四类违章行为，其中 A 类最严重，B 类、C 类次之，D 类最轻。依据违章行为严重程度，出现 A 类违章扣除安全绩效分数 3 分，B 类扣除 2 分，C 类扣除 1 分，D 类扣除 0.5 分。② 成功解决突发事件，加 2 分；其他工作创新行为，加 1 分。③ 如果出现得分为负的情况，则设定为 0 分；如果出现得分大于或等于 10 分的情况，按 10 分计算。因此，安全任务绩效得分介于 0 分到 10 分。

（二）轨道交通司机安全关系绩效

1996 年，Van Scotter 和 Motowidlo 将关系绩效的结构分为人际促进和工作奉献两个维度。人际促进是有助于组织目标实现的人际倾向行为，这些行为提高员工士气、鼓励协作和营造任务绩效发生的情境。工作奉献集中表现在自律行为上，如遵守规则、努力工作、主动解决工作中的问题。本书对安全关系绩效的测量采用 Van Scotter 和 Motowidlo 编制的量表，包含人际促进和工作奉献两个维度。王辉等的分析表明该量表两个维度的 alpha 系数分别为 0.89 和 0.93；王辉、牛雄鹰的分析表明该量表两个维度的内部一致性系数分别为 0.81 和 0.90。

二、轨道交通司机胜任素质和安全绩效水平

（一）实际测评情况

依据所建立的安全绩效测评体系，随机选取北京铁路局、武汉铁路局、上海铁路局、西安铁路局的轨道交通司机进行了安全绩效测评工作。通过轨道交通司机 2010 年日常工作记录获取了安全任务绩效相关数据，采用安全关系绩效问卷对轨道交通司机的安全关系绩效进行了测评。从轨道交通司机选拔和跟踪测评数据库中，获取了调研对象 2010 年胜任素质测评数据。

根据问卷调查结果对安全关系绩效问卷的信效度进行了检验。安全关系绩效问卷的整体 Cronbach's alpha 系数为 0.834，人际促进和工作奉献两个维度的 Cronbach's alpha 系数为 0.768、0.737，说明量表具有较好的内部一致性信度。安全关系绩效问卷的二因素结构能够很好地拟合样本数据，具体拟合指标如表 6–1 所示，说明安全关系绩效问卷具有很好的结构效度。

表 6–1　安全关系绩效问卷结构效度拟合指数

χ^2	df	χ^2/df	GFI	IFI	TLI	CFI	RMSEA
435.358	178	2.445	0.912	0.935	0.905	0.934	0.072

（二）实际测评数据

轨道交通司机胜任素质和安全绩效测评基本数据如表 6–2 和表 6–3 所示。其中，为便于统计分析，胜任素质各维度成绩按照满分 10 分折算，安全任务绩效问卷采用 7 分制评价，满分为 7 分。

表 6–2 轨道交通司机胜任素质测评基本数据

	最高分	最低分	平均分	标准差
个性特征	9	3	6.57	0.938 4
基础素质	9.7	4.5	7.23	0.867 4
专业能力	9.8	2.8	5.78	1.023 6
专业知识	10	3.2	6.80	0.958 7

表 6–3 轨道交通司机安全绩效测评基本数据

	最高分	最低分	平均分	标准差
安全任务绩效	10	4.7	7.54	0.846 3
安全关系绩效	7	3	5.48	0.587 9

三、轨道交通司机胜任素质和安全绩效相关性

采用 SPSS19.0 软件对轨道交通司机胜任素质与安全绩效的相关性进行分析，结果如表 6–4 所示。由分析结果可知：① 轨道交通司机安全绩效与胜任素质整体水平和各维度之间均显著正相关；② 轨道交通司机安全任务绩效与胜任素质整体水平显著正相关，与胜任素质个性特征、专业能力、专业知识维度显著正相关，

表 6–4 轨道交通司机胜任素质与安全绩效相关矩阵

	个性特征	基础素质	专业能力	专业知识	胜任素质
安全任务绩效	0.458**	0.476	0.524**	0.675**	0.623**
安全关系绩效	0.454**	0.354**	0.383	0.308	0.570**
安全绩效	0.345**	0.557**	0.509**	0.443**	0.525**

注：$^{*}p<0.05$，$^{**}p<0.01$。

与基础素质维度不存在显著正相关关系；③ 轨道交通司机安全关系绩效维度与胜任素质整体水平显著正相关，与胜任素质个性特征、基础素质维度显著正相关，与专业能力、专业知识维度不存在显著正相关关系。

四、本节小结

本节主要研究了轨道交通司机胜任素质与安全绩效之间的关系，共分为三部分。第一部分介绍了安全绩效的测评体系，将安全绩效分为了安全任务绩效与安全关系绩效两个方面，并详尽介绍了安全任务绩效与安全关系绩效的测量方法。第二部分介绍了在实测中轨道交通司机的胜任素质与安全绩效的水平，其中司机胜任素质分为个性特征、基础素质、专业能力、专业知识四个维度。还对安全关系绩效问卷的信度进行了检验，最终罗列出实测的轨道交通司机胜任素质与安全绩效的描述性统计数据。第三部分主要对实测的数据进行了统计学相关性分析，最终得出轨道交通司机安全绩效、安全任务绩效与安全关系绩效与胜任素质整体水平和各维度之间大部分存在显著的正相关，不同维度的胜任素质与轨道交通司机的安全任务绩效和安全关系绩效之间的相关性存在差异。

第二节　轨道交通司机安全绩效关于胜任素质回归分析

一、轨道交通司机整体安全绩效关于胜任素质的回归

在回归分析中，以轨道交通司机胜任素质四因子得分为预测变量，对轨道交通司机安全绩效量表总分进行回归分析。如表 6–5 所示，个性特征、基础素质和专业能力对轨道交通司机整体安全绩效的预测作用较为显著，专业知识对轨道交通司机整体安全绩效的预测作用不显著。其中，多元相关系数为 0.628，轨道交通司机胜任素质各因子可联合解释轨道交通司机安全绩效总变异量的 40.1%。

表 6–5　轨道交通司机整体安全绩效关于胜任素质回归分析

因变量	自变量	回归系数	t 值	F 值	R	R^2
安全绩效	个性特征	0.440	3.976***	28.936 p=0.000	0.628	0.410
	基础素质	0.303	2.462**			
	专业能力	0.018	2.289**			
	专业知识	0.123	1.524			

注：*p<0.05，**p<0.01，n=182。

二、轨道交通司机安全任务绩效维度关于胜任素质的回归

在轨道交通司机安全任务绩效关于胜任素质的回归分析中，仍以轨道交通司机胜任素质四因子得分为预测变量，对轨道交通司机安全任务绩效量表得分进行回归分析。如表 6–6 所示，个性特征、专业知识和专业能力对轨道交通司机安全任务绩效的预测作用较为显著，基础素质对轨道交通司机安全任务绩效的预测作用不显著。其中，多元相关系数为 0.720，轨道交通司机胜任素质各因子可联合解释轨道交通司机安全任务绩效总变异量的 47.2%。

表 6–6　轨道交通司机安全任务绩效维度关于胜任素质回归分析

因变量	自变量	回归系数	t 值	F 值	R	R^2
任务绩效	个性特征	0.481	4.294***	30.018 p=0.000	0.720	0.472
	基础素质	0.046	1.462			
	专业能力	0.297	2.789**			
	专业知识	0.216	2.024**			

注：*p<0.05，**p<0.01，n=182。

三、轨道交通司机安全关系绩效维度关于胜任素质的回归

在轨道交通司机安全关系绩效关于胜任素质的回归分析中，以轨道交通司机胜任素质四因子得分为预测变量，对轨道交通司机安全关系绩效量表得分进行回归分析。如表 6–7 所示，个性特征和基础素质对轨道交通司机安全关系绩效的预

测作用较为显著，专业能力和专业知识对轨道交通司机安全任务绩效的预测作用不显著。其中，多元相关系数为 0.668，轨道交通司机胜任素质各因子可联合解释轨道交通司机安全任务绩效总变异量的 38.8%。

表 6–7　轨道交通司机安全关系绩效维度关于胜任素质回归分析

因变量	自变量	回归系数	t 值	F 值	R	R^2
关系绩效	个性特征	0.378	3.186***	32.112 p=0.000	0.668	0.388
	基础素质	0.417	2.160**			
	专业能力	0.177	1.680			
	专业知识	0.166	1.721			

注：*p＜0.05，**p＜0.01，n=182。

四、轨道交通司机胜任素质对安全绩效预测路径分析

综合上文的相关分析和回归分析可以看出，SPSS 中的回归模型一般包含多个预测变量，但结果变量只能有一个，这就给问题的分析带来了局限，因为许多因果效应问题的结果变量往往不止一个。在本研究的分析过程中，轨道交通司机安全绩效这一结果变量包含了安全任务绩效和安全关系绩效两个维度，而且前文文献综述中已分析出胜任素质与安全绩效的关系存在着间接路径，而回归分析的局限之一是不能分析间接效应而只能分析直接效应（侯杰泰等，2004）。因此，为了探讨轨道交通司机胜任素质与安全绩效的间接效应，研究选用 AMOS19.0 来分析轨道交通司机胜任素质与安全绩效的关系路径。

在分析过程中，仍选用轨道交通司机胜任素质四因子——个性特征、基础素质、专业能力和专业知识为预测变量，以轨道交通司机安全绩效因子（安全任务绩效和安全关系绩效）为结果变量，路径图的结果如图 6–1 所示。通过分析可以看出：个性特征对安全任务绩效和安全关系绩效都既有直接正向预测作用，又有间接正向预测作用；基础素质对安全关系绩效有直接和间接正向预测作用，对安全任务绩效具有间接正向预测作用；专业能力和专业知识对安全任务绩效具有直接和间接正向预测作用，对安全关系绩效具有间接正向预测作用。路径图的拟合

指数如表 6–8 所示。

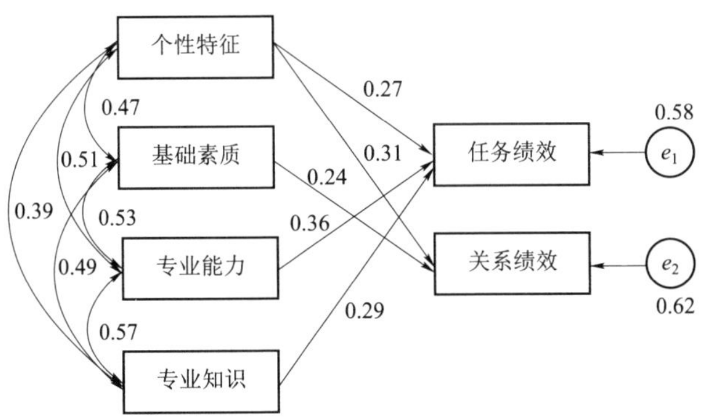

图 6–1　轨道交通司机胜任素质与安全绩效关系路径图

表 6–8　路径图分析拟合指数

χ^2	df	χ^2/df	GFI	IFI	TLI	CFI	RMSEA
35.83	15	2.390	0.902	0.945	0.940	0.961	0.075

五、本节小结

本节对胜任素质对于轨道交通司机的预测作用进行了分析，分为四部分。前三部分分别就轨道交通司机整体安全绩效、安全任务绩效和安全关系绩效关于胜任素质进行了回归分析。预测因子为胜任素质的四个因子，预测结果显示个性特征因素对轨道交通司机安全绩效、安全任务绩效、安全关系绩效均存在较为显著的预测作用；基础素质因素对整体安全绩效与安全关系绩效存在较为显著预测作用，但对安全任务绩效预测作用不显著；专业能力因素对整体安全绩效与安全任务绩效有较显著预测作用而对安全关系绩效预测作用不显著；专业知识因素对安全任务绩效预测作用较显著但对整体安全绩效与安全关系绩效预测作用不显著。最后一部分分析了轨道交通司机胜任素质对安全绩效的预测路径，绘制出了胜任素质四个因子作为预测自变量与安全绩效两个因子作为因变量的关系路径图，分析得出了胜任素质各因子与安全任务绩效和安全关系绩效间的预测路径。

第七章

轨道交通司机胜任素质与行车安全性关系影响因素

本章仍以动车组司机为例，分析了轨道交通司机的胜任素质对安全绩效的影响过程中存在的中间变量，得到了如下结论：轨道交通司机个性特征对工作满意度和安全绩效中的安全任务绩效维度、安全关系绩效维度均有预测作用，工作满意度在轨道交通司机开放性和责任感与安全关系绩效的关系中起到显著的中介作用；轨道交通司机工作经验和安全绩效不存在显著相关性，但工作经验在轨道交通司机专业素质与安全任务绩效的关系中起到调节作用，在基础素质与安全任务绩效的关系中起到的调节作用不显著；轨道交通司机心智模式对胜任素质具有提升作用，轨道交通司机心智模式和胜任素质在影响安全任务绩效和安全关系绩效的过程中存在交互效应。

第一节　实证研究思路和研究对象

一、研究设想

尽管有学者对胜任素质对绩效的预测作用提出质疑（Barren，Depinet，1991），但目前普遍认为胜任素质是决定绩效的关键因素之一。2001 年，Jansen 经过研究发现，不同的胜任素质要素对绩效不同成分的影响作用是不同的。胜任素质并非与安全绩效中各因子都显著相关，它可能对安全任务绩效和安全关系绩效两个维度都有预测力，也可能只对其中一个维度有预测力。1997 年，Motowidlo、Borman 和 Sohmit 提出任务绩效与关系绩效各自受到不同因素的影响。知识、技能等方面的差异对任务绩效的影响程度要高于对关系绩效的影响程度，而责任心等个性特征方面的变量则对关系绩效影响程度更高。学者们还围绕胜任素质的不同维度对工作绩效的影响过程进行了分析。Barrick 等认为动机是人格和工作绩效的中介变量。1996 年，Hunter 和 Schmidt 提出通常认知能力通过工作知识的获取影响绩效，一般认知能力高的个体，能够更快获取更多工作知识，而工作知识水平会影响绩效；同时，认知能力与绩效间也有直接关系。Wright 认为认知能力在成就需要和绩效关系中起到中介作用。由上述研究可以看出，胜任素质与轨道交通司机安全绩效的相关关系可能是直接的，也可能是通过其他中介变量起作用的。

轨道交通司机胜任素质与安全绩效关系分析结论表明，轨道交通司机胜任素质中个性特征维度、专业能力维度、专业知识维度对安全任务绩效有正向影响作用，个性特征维度、基础素质维度对安全关系绩效有正向影响作用。本章将针对轨道交通司机胜任素质各维度对安全绩效的影响路径进行分析，即探讨一些因素在轨道交通司机胜任素质与安全绩效关系中的中介效应、调节效应、交互效应。由于轨道交通司机胜任素质包括个性特征、基础素质、专业能力、专业知识等多个维度，依据各维度对安全任务绩效和安全关系绩效影响作用的不同，对研究思路进行简化，以便进行深入分析。

学者们对个性特征分类研究发现，大约有五种特征可以涵盖人格描述的所有方面，由此提出了大五人格模型，包括神经质、外向性、开放性、宜人性和责任感维度。大五人格理论在社会心理、工业与组织心理及心理学的其他方面有广泛应用。轨道交通司机胜任素质个性特征维度包括责任意识和情绪稳定两个要素，分别对应到大五人格中的责任感和神经质。本章在对轨道交通司机个性特征分析过程中，除责任感与神经质两个要素外，还将对外向性、开放性、宜人性三个要素共同进行分析。

二、调研对象

利用项目调研，选取了轨道交通司机作为调研对象，通过调研工作获取相应数据。

（1）轨道交通司机胜任素质数据。从上文建立的轨道交通司机胜任素质测评数据库中获取调研对象的胜任素质数据。

（2）轨道交通司机安全绩效数据。根据轨道交通司机日常工作记录获取调研对象的工作违章、处理突发事件等记录，计算调研对象任务绩效；通过问卷调查，获取调研对象安全关系绩效数据。

（3）轨道交通司机胜任素质与安全绩效关系影响因素数据。通过调查问卷及日常工作记录，获取调研对象工作满意度、工作经验、心智模式相应数据，具体内容在各节论述。

通过对调研数据的整理，探讨轨道交通司机胜任素质和安全绩效关系的影响因素。

第二节　轨道交通司机工作满意度中介效应研究

一、研究假设

大五人格能够有效预测工作绩效，尤其是周边绩效，但大五人格各要素如何对工作绩效产生影响，则需要进一步深入研究。学者们逐渐开始引入中介变量或调节变量，从动态的角度研究个性特征对工作绩效的影响机制。在对轨道交通司机进行实际调研的基础上，本研究尝试以工作满意度为中介变量，探讨轨道交通司机大五人格对安全任务绩效和安全关系绩效的影响。为了分析工作满意度的中介效应，需要对轨道交通司机大五人格与工作满意度的相关性进行验证。大量研究成果都表明大五人格对工作满意度具有预测作用。2002 年，Judge 和 Ilies 的研究表明大五人格能够有效预测包括工作满意度在内的各种激励要素，通过对大五人格与工作满意度的元分析发现：责任感、神经质、外向性能够很好地预测工作满意度，效度都在 0.20 以上；宜人性也与工作满意度显著相关，但效度稍弱；开放性与工作满意度之间不存在显著相关性。关于工作满意度与工作绩效的关系，始终没有统一观点。学者们将工作满意度与工作绩效关系的研究成果归纳为因果关系论、非因果关系论和重新定义概念论三个流派的七种主要观点。本研究也将对轨道交通司机工作满意度与安全绩效的关系进行检验。

早期对人格量表与安全绩效关系的研究表明个性特征与绩效之间不存在显著相关性，认为个性特征测验不能作为人员选拔的科学依据。之后学者们通过元分析发现，大五人格对绩效有较好的预测效度。Barrick 和 Mount 认为大五人格中有两个维度能预测绩效，责任感与绩效的相关系数为 0.22，外向性与绩效的相关系数为 0.131。2000 年，Hurtz 和 Donovan 通过研究发现，大五人格各要素对绩效的预测效度与工作类型有关，责任感能够有效预测各类工作，而宜人性对服务类工作有较好的预测效度，外向性对管理类工作有较好的预测效度。通过大五人格与绩效结构不同维度的相关性研究发现，大五人格对任务绩效和关系绩效都有预测作用，但对关系绩效的预测效度更高。2002 年，Mohammed 和 Mathieu 通过进行能力、经验和人格对绩效影响的研究，发现大五人格中的宜人性能够预测关系绩效。Lepine 和 Van 研究发现大五人格中责任感、外向性、宜人性三个维度均与关系绩效相关。Coleman 和 Borman 对保险推销员的研究发现大五人格中外向性与任务绩效相关，责任感、神经质、宜人性、开放性与关系绩效相关。

本研究提出以下研究假设。

H_1：工作满意度在轨道交通司机个性特征与安全任务绩效关系中起到中介作用。

H_{1a}：工作满意度在轨道交通司机神经质维度与安全任务绩效关系中起到中介作用。

H_{1b}：工作满意度在轨道交通司机外向性维度与安全任务绩效关系中起到中介作用。

H_{1c}：工作满意度在轨道交通司机开放性维度与安全任务绩效关系中起到中介

作用。

H_{1d}：工作满意度在轨道交通司机宜人性维度与安全任务绩效关系中起到中介作用。

H_{1e}：工作满意度在轨道交通司机责任感维度与安全任务绩效关系中起到中介作用。

H_2：工作满意度在轨道交通司机个性特征与安全关系绩效关系中起到中介作用。

H_{2a}：工作满意度在轨道交通司机神经质维度与安全关系绩效关系中起到中介作用。

H_{2b}：工作满意度在轨道交通司机外向性维度与安全关系绩效关系中起到中介作用。

H_{2c}：工作满意度在轨道交通司机开放性维度与安全关系绩效关系中起到中介作用。

H_{2d}：工作满意度在轨道交通司机宜人性维度与安全关系绩效关系中起到中介作用。

H_{2e}：工作满意度在轨道交通司机责任感维度与安全关系绩效关系中起到中介作用。

二、研究方案

（一）对轨道交通司机个性特征的测量

轨道交通司机个性特征的测量采用 John、Donahue 和 Kentle 的大五人格调查问卷。问卷共包括 44 个题目，用来测量人格的 5 个因素：神经质、外向性、开放性、宜人性和责任感。采用 Likert5 点计分，其中 28 个题目是正向计分，16 个题目是反向计分。测量结果显示，各因素的内部一致性均超过 0.70，分别为神经质 0.73、外向性 0.82、开放性 0.87、宜人性 0.78、责任感 0.85。

（二）对轨道交通司机工作满意度的测量

轨道交通司机工作满意度测量采用明尼苏达满意度短式量表。该量表包括内在满意度、外在满意度和一般满意度 3 个分量表，共计 20 项调查题目，采用 Likert 5 点计分，总的满意度可以通过加权 20 项全部得分获得。在实际问卷调查时，对调查题目的描述稍做调整，使其更加符合轨道交通司机实际工作情境。

根据问卷调查结果对工作满意度问卷的信效度进行了检验。工作满意度问卷的 Cronbach's alpha 系数为 0.843，说明问卷具有较好的内部一致性。工作满意度问卷的二因素结构能够很好地拟合样本数据，具体拟合指标如表 7–1 所示，说明问卷具有很好的结构效度。

表 7–1　心智模式问卷结构效度拟合指数

χ^2	df	χ^2/df	GFI	IFI	TLI	CFI	RMSEA
272.008	121	2.248	0.917	0.894	0.903	0.878	0.049

（三）数据分析

分别以轨道交通司机安全任务绩效和安全关系绩效为因变量，轨道交通司机个性特征为自变量，工作满意度为中介变量，分析工作满意度在轨道交通司机个性特征和安全绩效关系中的中介效应。

中介变量是自变量影响因变量的中介，研究采用温忠麟等提出的中介效应检验程度，对工作满意度在轨道交通司机个性特征和安全绩效之间的中介效应进行检验。在回归分析之前，先对数据进行中心化处理。数据分析过程分成三个步骤：第 1 步，分别以安全任务绩效、安全关系绩效为因变量，以个性特征 5 个因素为自变量，进行回归分析，得到回归方程（1）和方程（2）；第 2 步，以工作满意度为因变量，以个性特征 5 个因素为自变量，进行回归分析，得到回归方程（3）；第 3 步，分别以安全任务绩效、安全关系绩效为因变量，以个性特征 5 个因素和工作满意度为自变量，进行回归分析，得到回归方程（4）和方程（5）。

方程（1）：安全任务绩效=C_{11} • 神经质+C_{12} • 外向性+C_{13} • 开放性+C_{14} • 宜人性+C_{15} • 责任感+e_1

方程（2）：安全关系绩效=C_{21}·神经质+C_{22}·外向性+C_{23}·开放性+C_{24}·宜人性+C_{25}·责任感+e_2

方程（3）：工作满意度=a_1·神经质+a_2·外向性+a_3·开放性+a_4·宜人性+a_5·责任感+e_3

方程（4）：安全任务绩效=C'_{11}·神经质+C'_{12}·外向性+C'_{13}·开放性+C'_{14}·宜人性+C'_{15}·责任感+b_1·工作满意度+e_4

方程（5）：安全关系绩效=C'_{21}·神经质+C'_{22}·外向性+·C'_{23}开放性+C'_{24}·宜人性+C'_{25}·责任感+b_2·工作满意度+e_5

大五人格特征各因素之间具有独立性，因此在分析过程中不考虑个性特征各因素间的交互效应。根据回归分析结果，进行中介效应检验。针对轨道交通司机安全任务绩效和安全关系绩效分别进行分析，因此按照安全任务绩效和安全关系绩效将回归分析结果归纳为表 7–2 和表 7–3。

三、中介效应分析

（一）个性特征与工作满意度、安全绩效相关关系分析

回归分析结果表明，轨道交通司机大五人格中的责任感与安全任务绩效、安全关系绩效均显著正相关（C_{15}=0.327，$p<0.01$；C_{25}=0.379，$p<0.01$），外向性与安全关系绩效显著正相关（C_{22}=0.141，$p<0.05$），开放性与安全关系绩效显著负相关（C_{23}=–0.302，$p<0.01$）。轨道交通司机大五人格中开放性与工作满意度显著负相关（a_3=–0.337，$p<0.01$），责任感与工作满意度显著正相关（a_5=0.172，$p<0.05$）。说明轨道交通司机个性特征能够一定程度预测工作满意度和安全绩效。

轨道交通司机个性特征神经质、外向性、宜人性维度与安全任务绩效不存在显著相关关系，不支持研究假设 H_{1a}、H_{1b}、H_{1d}；神经质、开放性、宜人性与安全关系绩效不存在显著相关关系，不支持研究假设 H_{2a}、H_{2c}、H_{2d}。

（二）工作满意度对个性特征和安全任务绩效关系中介效应分析

从表 7–2 的分析结果可以看出，在回归方程（1）中，只有责任感的回归系数

是显著的（C_{15}=0.327，p<0.01），因此只对个性特征中的责任感维度进行分析。在回归方程（3）中，责任感的回归系数显著（a_5=0.172，p<0.05），在回归方程（4）中，工作满意度的回归系数不显著（b_1=0.015，p>0.05），按照检验程序，需要 Sobel 检验。检验统计量是：

$$z_1 = \widehat{a_5} \bullet \widehat{b_1} / \sqrt{\widehat{a_5^2} \bullet s_{b_1}^2 + \widehat{b_1^2} \bullet s_{a_5}^2} \quad (7.1)$$

式中：$\widehat{a_5}$ 和 $\widehat{b_1}$ 分别是 a_5 和 b_1 的估计，s_{a_5} 和 s_{b1} 分别是 $\widehat{a_5}$ 和 $\widehat{b_1}$ 的标准误差。根据计算结果 $\widehat{a_5}$=0.172，$\widehat{b_1}$=0.015，s_{a_5}=0.044，s_{b_1}=0.165，计算得出检验统计量 z_1=0.091，p>0.05，说明工作满意度在轨道交通司机责任感和安全任务绩效关系中的中介效应不显著，结论不支持研究假设 H_{1e}。

表 7–2 工作满意度对个性特征和安全任务绩效关系中介效应检验

步骤	因变量	自变量	标准回归系数	t 值	F 值	调整 R^2
Step1	安全任务绩效	神经质	–0.010	–0.132	4.904**	0.399
		外向性	–0.057	–0.794		
		开放性	–0.021	–0.276		
		宜人性	0.066	0.887		
		责任感	0.327**	4.176**		
Step2	工作满意度	神经质	–0.129	–1.817	10.028**	0.203
		外向性	0.076	1.125		
		开放性	–0.337**	–4.706**		
		宜人性	0.054	0.764		
		责任感	0.172*	2.340*		
Step3	安全任务绩效	神经质	–0.008	–0.106	4.069**	0.294
		外向性	–0.058	–0.805		
		开放性	–0.016	–0.197		
		宜人性	0.065	0.872		
		责任感	0.324**	4.067**		
		工作满意度	0.015	0.184		

注：*p<0.05，**p<0.01，n=182。

（三）工作满意度对个性特征和安全关系绩效关系中介效应分析

从表 7–3 的分析结果可以看出，在回归方程（2）中，回归系数显著的是开放性（C_{22}=0.141，$p<0.05$）、外向性（C_{23}=–0.302，$p<0.01$）、责任感（C_{25}=0.379，$p<0.01$），因此只对个性特征中的开放性、外向性、责任感 3 个因素进行分析。

表 7–3　工作满意度对个性特征和安全关系绩效关系中介效应检验

步骤	因变量	自变量	标准回归系数	t 值	F 值	调整 R^2
Step1	安全关系绩效	神经质	–0.055	–0.852	20.385**	0.372
		外向性	0.141*	2.314*		
		开放性	–0.302**	–4.677**		
		宜人性	0.088	1.393		
		责任感	0.379**	5.727**		
Step2	工作满意度	神经质	–0.129	–1.817	10.028**	0.203
		外向性	0.076	1.125		
		开放性	–0.337**	–4.706**		
		宜人性	0.054	0.764		
		责任感	0.172*	2.340*		
Step3	安全关系绩效	神经质	0.007	0.132	34.709**	0.549
		外向性	0.104*	2.013*		
		开放性	–0.141	–2.412		
		宜人性	0.062	1.160		
		责任感	0.297**	5.195**		
		工作满意度	0.478**	8.194**		

注：*$p<0.05$，**$p<0.01$，n=182。

开放性。在回归方程（3）中，开放性的回归系数显著（a_3=–0.337，$p<0.01$）；在回归方程（5）中，工作满意度的回归系数显著（b_2=0.478，$p<0.01$），说明中介效应显著。在回归方程（5）中，开放性的回归系数不显著（C'_{23}=–0.141，$p>0.05$），说明工作满意度在轨道交通司机开放性和安全关系绩效中起到显著完全中介作用，支持研究假设 H_{2c}。

外向性。在回归方程（3）中，外向性的回归系数不显著（a_2=0.076，$p>0.05$）；在回归方程（5）中，工作满意度的回归系数显著（b_2=0.478，$p<0.01$），按照检验程序，需要 Sobel 检验。检验统计量是：

$$z_2 = \widehat{a_2} \bullet \widehat{b_2} / \sqrt{\hat{a}_2^2 \bullet s_{b_2}^2 + \hat{b}_2^2 \bullet s_{a_2}^2} \tag{7.2}$$

式中：$\widehat{a_2}$ 和 $\widehat{b_2}$ 分别是 a_2 和 b_2 的估计，s_{a_2} 和 s_{b_2} 分别是 $\widehat{a_2}$ 和 $\widehat{b_2}$ 的标准误差。根据计算结果 $\widehat{a_2}$ =0.076，$\widehat{b_2}$ =0.478，s_{a_2} =0.085，s_{b_2} =0.188，计算得出检验统计量 z_2=0.843，$p>0.05$，说明工作满意度在轨道交通司机外向性和安全关系绩效关系中的中介效应不显著，结论不支持研究假设 H_{2b}。

责任感。责任感的回归系数显著（a_5=0.172，$p<0.05$）；在回归方程（5）中，工作满意度的回归系数显著（b_2=0.478，$p<0.01$），说明中介效应显著。在回归方程（5）中，责任感的回归系数显著（C'_{25}= −0.297，$p<0.01$），说明工作满意度在轨道交通司机开放性和安全关系绩效中起部分中介效应，支持研究假设 H_{2c}。

（四）分析总结

研究结果表明，工作满意度在轨道交通司机开放性人格因素和安全关系绩效中的完全中介效应显著，在轨道交通司机责任感人格因素和安全关系绩效中的部分中介效应显著。说明轨道交通司机开放性因素完全通过工作满意度对安全关系绩效产生影响；责任感因素直接对轨道交通司机安全关系绩效产生影响的同时，也通过工作满意度对安全关系绩效产生间接影响。在轨道交通司机个性特征和安全任务绩效的关系中，工作满意度则不存在中介效应。

通过上述分析，可以得出轨道交通司机个性特征对安全绩效的影响路径，如图 7–1 所示。轨道交通司机个性特征中的外向性因素直接正向影响安全关系绩效；开放性因素完全通过工作满意度负向影响安全关系绩效；责任感要素直接正向影响安全任务绩效，并在正向直接影响安全关系绩效的同时通过工作满意度间接影响安全关系绩效。神经质和宜人性要素则不对安全绩效产生影响。

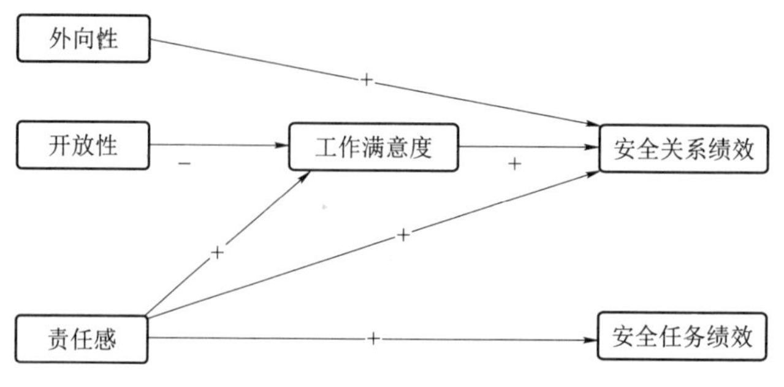

图 7–1 轨道交通司机个性特征对安全绩效影响路径

轨道交通司机个性特征能够有效预测安全绩效，而工作绩效水平直接决定了机车的安全平稳运行。研究结果表明，高外向性、高责任感、低开放性的轨道交通司机更容易取得优异安全绩效，确保轨道交通行车安全。轨道交通管理部门应该重视轨道交通司机个性特征对安全绩效的影响作用，在选拔阶段，将个性特征作为选拔轨道交通司机的指标，通过科学的个性特征测评，选拔合适的人员进入轨道交通司机队伍，实现人–职匹配。在日常管理过程中，建立轨道交通司机个性特征档案，针对在岗轨道交通司机的性格特点，进行人员的合理搭配，做到性格互补，提高轨道交通司机团队安全绩效水平。

工作特点决定了轨道交通司机需要具备较强的责任意识，并且在工作过程中能够承担压力。虽然个性特征具有相对稳定的特点，但长期在压力环境下工作也会对轨道交通司机的个性特征产生影响，使其容易产生焦虑和紧张情绪。轨道交通司机管理部门应在日常工作过程中关注轨道交通司机的情绪变化，合理运用素质拓展训练、情绪调试培训、心理咨询等手段，定期对轨道交通司机进行心理疏导，确保轨道交通司机保持良好的心理状态。

轨道交通司机工作满意度与安全关系绩效存在显著相关关系，轨道交通司机个性特征开放性、责任感因素通过工作满意度对安全关系绩效产生影响。除个性特征外，轨道交通司机工作满意度还受到薪酬福利水平、培训发展机会、主管领导态度等多个外在因素的影响。轨道交通管理部门应关注轨道交通司机工作满意度的诸多因素，建立科学合理的管理制度和沟通平台，促进工作满意度的提高，进而提升轨道交通司机队伍的安全绩效，确保轨道交通行车安全。

四、本节小结

本节主要对轨道交通司机工作满意度作为个性特征与安全绩效的中介变量进行了实证研究，其中工作满意度采用明尼苏达满意度，个性特征采用大五人格，分为神经质、外向性、开放性、宜人性和责任感 5 个因素，而安全绩效分为安全任务绩效与安全关系绩效两部分。

结合文献综述提出研究假设，制定研究方案，并最终进行中介效应分析，结果表明：轨道交通司机个性特征中的外向性因素直接正向影响安全关系绩效；开放性因素完全通过工作满意度负向影响安全关系绩效；责任感要素直接正向影响安全任务绩效，并在正向直接影响安全关系绩效的同时通过工作满意度间接影响安全关系绩效。神经质和宜人性要素则不对安全绩效产生影响。

最终依据所得出的结论进行分析，提出了针对轨道交通司机工作的管理建议。

第三节　轨道交通司机工作经验调节效应研究

一、研究假设

工作经验作为影响个体绩效的因素，在企业管理实践中得到了广泛应用，如选拔（Leving，1985）、培训（Ford，1992）、职业生涯规划（Campion，1994）等。在实践应用的基础上，学者们开始从理论的角度对工作经验展开研究。早期对工作经验的研究以定量为主，学者们普遍认为，工作经验应被定义为在特定工作岗位或者任期内的工作时间，或者为完成特定工作任务所花费的时间。也有学者以完成特定工作任务的次数来衡量工作经验（Lance，1989）。有关岗位轮换方面的文献则提出工作经验反映在个人在一定时期内的平级调动次数。随后学者们认为采用定量方法研究工作经验忽略了工作种类的差异及工作任务的复杂性，需要对工作经验的结构及内容进行探讨。1994 年，Dubois 和 Mckee 从数量和质量两个维度对工作经验进行了研究。1995 年，Quinones 等提出了工作经验的整合概念模型，认为工作经验的测量应该包含时间、数量和定性测量三个维度。

大量学者对工作经验与绩效的关系进行了检验。1988 年，Mcdaniel 等通过元分析发现，一些工作岗位上，人员的工作经历和绩效的平均修正相关系数为 0.32。后来的学者更进一步提出工作经验和绩效之间的关系不能一概而论，要考虑到工作经验的不同维度、工作岗位的特点等因素。1995 年，Sego 等通过元分析发现，不同类型的岗位，工作经验与工作绩效的相关程度存在差异。考虑到轨道交通司机岗位特点，工作经验的增加有利于轨道交通司机处理突发事件能力的提升及专业知识的积累，但对其反应能力、瞬时记忆力等专业技能却没有促进作用。工作经验的增加意味着轨道交通司机年龄的增长，轨道交通司机的部分专业技能反而会随着年龄的增长而出现下降。在实际管理工作中，有些安全绩效优秀的员工也不是工作经验十分丰富、年龄偏大的司机。因此，从实践经验来看，轨道交通司机工作经验对安全绩效不存在预测作用。但根据轨道交通部门选拔轨道交通司机的流程，达到工作经验要求的轨道交通司机才能参加素质测评，达到素质要求者方能进入轨道交通司机队伍。由此可见工作经验是轨道交通司机选拔考核的必要条件。相关实践证明，经验丰富的轨道交通司机能够熟练应用各种知识、技能，确保轨道交通列车的安全、平稳运行，即工作经验有助于轨道交通司机更好地胜任工作岗位，取得优异的安全绩效。因此，研究将尝试将工作经验作为胜任素质与安全绩效关系的调节变量进行探讨。为了方便研究工作，将轨道交通司机胜任素质个性特征维度作为控制变量，将专业能力和专业知识合并为专业素质维度。在相关文献综述和实际调查的基础上，提出以下研究假设。

H_{3a}：工作经验在轨道交通司机基础素质和安全绩效的关系中起到调节作用。即与具有较短工作经验的轨道交通司机相比，具有较长工作经验的轨道交通司机基础素质与安全绩效之间正相关关系更显著。

H_{3b}：工作经验在轨道交通司机专业素质和安全绩效的关系中起到调节作用。即与具有较短工作经验的轨道交通司机相比，具有较长工作经验的轨道交通司机专业素质与安全绩效之间正相关关系更显著。

二、研究方案

（一）对轨道交通司机工作经验的测量

对工作经验的研究经历了定量研究和整合研究阶段（杨正宇，金杨华，2002）。早期学者们持定量观点，将工作经验定义为在特定工作岗位或者任期内的工作时间。后期学者们提出整合模型，认为工作经验的测评应包括时间成分、数量成分和定性成分（Quinones 等，1996）。如前文所述，轨道交通司机的工作经历相似，具体来说，轨道交通司机每个月的工作时间相同，每年接受的相应培训和教育相同，所担当的驾驶工作内容相同。依据工作经验整合模型设计工作经验问卷，统计发现，轨道交通司机工作经验的数量成分和定性成分均与时间成分显著正相关。因此，本研究采用轨道交通司机任司机职务年限来衡量其工作经验，即成为轨道交通司机至获取其绩效数据时的年限。

（二）对轨道交通司机胜任素质归类

轨道交通司机胜任素质包括个性特征、基础素质、专业能力、专业知识四个维度。1997 年，Motowidlo 等提出任务绩效与关系绩效各自受到不同因素的影响。知识、技能等方面的差异对任务绩效的影响程度要高于对关系绩效的影响程度，而责任心等个性特征方面的变量则对关系绩效影响程度更高。为了重点研究知识、技能等要素对任务绩效的影响程度，本书将轨道交通司机个性特征维度作为控制变量进行分析，并将轨道交通司机胜任素质的专业能力和专业知识维度合并为"专业素质"维度。

（三）数据分析

以轨道交通司机安全任务绩效为因变量，胜任素质的基础素质和专业素质维度为自变量，工作经验为调节变量，分析工作经验在轨道交通司机胜任素质和安全任务绩效关系中的调节效应。

依据模型中的自变量和调节变量特征，采用带有乘积项的回归模型，做层次回归分析（温忠麟，侯杰泰，张雷，2005），检验工作经验在轨道交通司机胜任素质与安全任务绩效之间的调节作用。数据统计分析过程中，各变量分 4 个步骤进入回归方程：第 1 步，将个性特征测试数据作为控制变量，采用强迫进入法将其纳入方程；第 2 步，采用逐步进入法使自变量和调节变量进入方程；第 3 步，使基础素质、专业素质两个自变量和工作经验这一调节变量间的两两交互效应项进入方程；第 4 步，使基础素质、专业素质、工作经验三个变量的交互效应项进入方程。通过相关变量数据中心化的方法，来避免可能存在的共线性问题。分析结果如表 7–4 所示。

表 7–4 轨道交通司机安全任务绩效层次回归分析

步骤	变 量	Model 1	Model 2	Model 3	Model 4
Step 1	神经质	−0.010	−0.183	−0.147	−0.146
	外向性	−0.057	−0.084	−0.096	−0.096
	开放性	−0.021	−0.025	−0.046	−0.047
	宜人性	0.066	0.035	0.034	0.034
	责任感	0.327**	0.278	0.265	0.260
Step 2	基础素质		0.043	0.024	0.025
	专业素质		0.282***	0.257***	0.257**
	工作经验		0.026	0.020	0.020
Step 3	基础素质×专业素质			0.049	0.050
	基础素质×工作经验			−0.059	−0.061
	专业素质×工作经验			0.231**	0.230**
Step 4	基础素质×专业素质×工作经验				0.005
	R^2	0.031	0.113	0.171	0.171
	Adjust R^2	0.009	0.077	0.121	0.116
	ΔR^2	0.031	0.082	0.057	0.000
	F	1.401	3.103**	3.433***	3.103
	ΔF	1.401	5.234**	3.841*	0.004

注：$^*p<0.05$，$^{**}p<0.01$，n=178。

三、调节效应分析

（一）工作经验调节效应检验

在将个性特征作为控制变量的基础上，基础素质、专业素质、工作经验 3 个变量进入回归方程，专业胜任因素显著地增加了对安全绩效回归方程的整体解释力（ΔR^2=0.082，p＜0.01）。轨道交通司机专业素质对安全任务绩效有显著的正向预测作用（β=0.282，p＜0.001），但基础素质和工作经验对安全任务绩效无显著预测作用。

当基础素质、专业素质和工作经验之间的两两交互效应项进入回归方程，专业素质和工作经验两变量的交互作用显著提升了对安全任务绩效回归方程的整体解释力（ΔR^2=0.057，p＜0.001），说明专业素质和安全任务绩效之间的相关关系受到工作经验的调节，支持了研究假设 H_{2b}。

而基础素质和工作经验两变量的交互作用则没有显著提升对安全任务绩效回归方程的整体解释力，不能证明工作经验调节作用的存在，不支持研究假设 H_{2a}。当基础素质、专业素质、工作经验三个变量的交互作用项进入方程后，没有显著提升对安全任务绩效回归方程的整体解释力。

（二）工作经验调节效应分析

通过层次回归分析得出工作经验在专业素质和安全任务绩效相关关系中起到调节作用。为了分析工作经验作为调节变量所起到的影响作用，将研究对象分为高工作经验组和低工作经验组来进行对比分析。选取工作经验值为 M+1SD 的为高工作经验组，M–1SD 的为低工作经验组，交互效应的分析结果如图 7–2 所示。

具有相同专业素质水平的轨道交通司机，高工作经验者会取得更好的安全任务绩效。相对于拥有低工作经验的轨道交通司机而言，随着专业素质水平的提高，拥有高工作经验的轨道交通司机安全任务绩效的提升幅度更高。

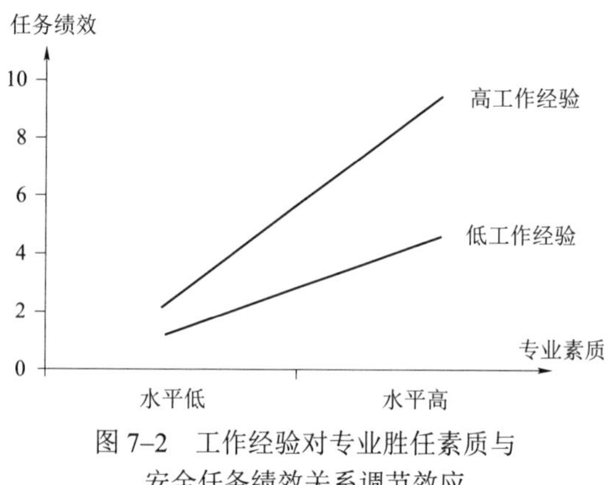

图 7–2　工作经验对专业胜任素质与安全任务绩效关系调节效应

（三）分析总结

轨道交通司机工作经验与安全任务绩效之间虽然不存在显著相关关系，但在专业素质和安全任务绩效的关系中起到调节作用，具有相同专业素质水平的轨道交通司机，有较长工作经验者更容易取得高安全任务绩效。

1997 年，Motowidlo 和 Borman 提出任务绩效与关系绩效各自受到不同因素的影响，知识、技能上的差异对任务绩效的影响程度要高于对关系绩效的影响程度。本书的研究结论也表明轨道交通司机的安全任务绩效受知识、技能等专业素质的影响，但与基础素质之间不存在显著相关性。多位学者提出不同的胜任素质对绩效的影响不同，本书的研究只涉及安全任务绩效，因此，需要在今后的研究工作中对胜任素质与安全关系绩效的相关性进行讨论，尤其是轨道交通司机基础素质对安全关系绩效的影响，并分析其他因素所起到的调节效应或中介效应。

由于轨道交通司机工作经历相似，工作经验可以反映轨道交通司机的年龄状况，即工作经验长的轨道交通司机年龄较大。从相关分析的结果可以看出，工作经验与基础素质、工作经验与专业素质之间不存在显著相关性，可以从一定程度上说明轨道交通司机年龄的增长没有对胜任素质状况产生明显影响。

专业素质能够正向预测轨道交通司机安全任务绩效，相关部门应该在轨道交通司机管理工作中更加重视轨道交通司机的专业素质。在选拔阶段，综合运用理论考试、能力素质测试、面试等方法，对轨道交通司机专业素质进行全面考察，选拔专业素质水平高的人员进入轨道交通司机队伍，做到人–职匹配，提高轨道交通司机队伍整体素质。在日常管理过程中，通过安全行车记录、专业素质跟踪测试等手段，实现对轨道交通司机的专业素质监控，建立轨道交通司机专业素质档案，及时发现素质水平波动，保障在岗轨道交通司机专业素质水平，促进安全任务绩效的提升。

工作经验虽然不直接影响轨道交通司机的安全任务绩效，但是对轨道交通司机专业素质和安全任务绩效的相关关系产生调节作用。相对而言，有较多工作经验的轨道交通司机更容易取得优异的安全任务绩效。因此，应该将工作经验作为选拔轨道交通司机的指标，在同等素质水平下，优先考虑有较多工作经验的司机。在日常工作中，加强工作经验丰富的轨道交通司机对年轻司机的经验传授和工作指导，实现共同学习、共同提高。

四、本节小结

本节主要对轨道交通司机工作经验作为胜任素质与安全绩效之间的调节变量进行了实证研究，在研究过程当中，使用轨道交通司机任司机职务年限来衡量其工作经验，对胜任素质的个性特征、基本素质、专业技能与专业知识进行归类，将个性特征作为控制变量，将专业技能与专业知识归为专业素质。

通过对相关文献进行综述，提出假设，制定研究方案，进行测量，后针对数据建立带有乘积项的回归模型，做层次回归分析，最终得出结果。对结果进行分析得：轨道交通司机工作经验与安全任务绩效之间虽然不存在显著相关关系，但在专业素质和安全任务绩效的关系中起到调节作用，具有相同专业素质水平的轨道交通司机，有较长工作经验者更容易取得高安全任务绩效。

研究得出的结论具有一定的现实意义，为人员培训与人员选拔提供了依据。

第四节 轨道交通司机心智模式促进效应分析

一、研究假设

大量研究成果表明，胜任素质与工作绩效的相关关系可能是直接的，也可能是通过其他中介变量起作用的，或者受到其他变量的调节作用。轨道交通司机胜任素质对安全绩效影响外部路径的研究也对轨道交通司机胜任素质与安全绩效关系中的中介变量和调节变量进行了探讨。上述研究明确了胜任素质对安全绩效的影响路径，而没有说明胜任素质影响安全绩效的驱动力和胜任素质作用机制等深层次问题。

心理学研究表明，人的决策过程不是一个完全理性的过程，而是存在明显的倾向性。个体的工作行为以其所具备的胜任素质为依据，而胜任素质的发挥过程受到个体思维倾向的影响。但归纳相关研究可以看出，个体的思维方式可以通过胜任素质影响行为，进而作用于绩效，实现胜任素质向优异绩效的转化。Spencer认为胜任素质模型是指能和参考效标有因果关系的个体的深层次特征。深层次特征是指个体潜在的特征能保持相当长一段时间，并能预示个体在不同情况和工作任务中的行为或思考方式，其基本层面为深层的动机、特质、自我形象、态度或价值观，浅层的知识和技能。因果关系指胜任素质能引起或预测行为或绩效，一般来说，动机、特质、自我概念和社会角色等胜任素质能够预测行为反应方式，而行为反应方式又会影响工作绩效，可表述为意图—行为—结果。效标参照是指胜任素质能够按照某一标准，预测效标群体的工作优劣[①]。2006 年，程德俊提出当员工受到特定的人力资源管理实践的激励，形成动机，并不断强化自身的行为与他人一致时，其素质才能被逐步嵌入组织或团队的日常行为和程序中，并内化

① 庞晓玲. 素质模型在企业员工职业生涯管理中的应用［D］. 北京：华北电力大学，2010：15-19.

为组织或团队的专用性人力资本，取得优异绩效。2011 年，赵曙明指出高胜任素质的员工具有改善绩效的潜力，但要将潜力转化为最终成果，员工积极工作并与他人协作的意愿则是转化素质的催化剂。上述研究成果表明，胜任素质对行为或者安全绩效产生影响，但影响的程度，或者说胜任素质作用的发挥，受到个体思维模式的影响。考虑到个体的思维模式是由心智模式决定的，因此，将心智模式概念引入胜任素质研究领域，为研究胜任素质对安全绩效作用机理提供新的角度。

1943 年，Kenneth 首次提出心智模式概念，1990 年，Peter 把心智模式引入管理学领域。学者们普遍认为，心智模式是人类理解复杂系统的心理模式或认知结构，具有描述系统目的和形式、解释系统功能和状态、预测未来系统状态的功能。国内学者对心智模式的定义、功能、性质、分类等基本问题和特定人群的心智模式与心智模式理论的应用等问题进行了研究。关于心智模式基本问题，以李林英为代表的学者们认为心智模式是一种包含个人特有的世界观、价值观的思维方式和认知方法，强调心智模式在呈现客观对象的状态中的重要作用，把心智模式视为对周围世界简化的概括性看法和假设，个体的行为会以已有的习惯性方式延伸。以吕晓俊为代表的学者们认为心智模式是一种知识结构、理论结构或理解系统，是人们从事描述、归因和预测活动并进而进行适应性行为选择的决策系统，是主观所感知的有关外界的意识结果，体现为结构化的知识和信念。这些结构化的知识、信念来自个人所受教育和经历的积淀。心智模式的描述、归因、预测活动及在此基础上的行为决策构成循环的回路，行动的结果产生的反馈会在检验现有的心智模式的同时，充实和扩展心智模式。该观点把心智模式的结构分为信念和知识两个层面。在此基础上，骆志豪认为心智模式还应包括完善体系，提出心智模式是一个由知识体系和信念体系构成的，并且能够自我改善的一种内在机制，它能够帮助人们进行描述、解释和预测。

学者们近年来围绕心智模式对其他因素或者行为的影响进行了研究，Mathieu 等采用“输入—互动—产出”模型来研究个体心智模式对团队效率的影响。Singh 和 Dong 采用基于主体的建模方法来研究心智模式，并针对心智模式如何促进组织中社会学习的产生提出了完整的研究方案。虽然没有直接针对胜任素质模型与心智模式之间关系的研究，但学者们的研究成果可以体现心智模式对胜任素质组成要素的影响。如 Johnson 研究了特定情境下，心智模式质和量两个维度如何影响到推理思考能力，而推理思考能力是一些工作岗位人员所需具备的胜任素质特征。前文提到心智模式指导个体思考和行为的方式，而胜任素质则是以行为的方式体现，由此可见，心智模式对胜任素质存在影响。通过 Norman 和 Patterson 的描述，可以看出心智模式的形成可以归结为两种来源：一种是由外在学习所形成的心智模式；另一种是由内在启发所形成的心智模式。二者相结合，就构成了完整的心智模式形成模型。心智模式既受到个体性格特征的影响，也可以通过后天的教育、知识的“内化”及特定的生活与工作环境而形成。胜任素质所包括的个性特征、知识、技能等个体特征，也是形成心智模式过程中的影响因素。个体通过外在学习或内在启发获得知识和技能等胜任素质的过程，也是心智模式的形成过程。由此，提出以下研究假设。

H_4：轨道交通司机心智模式对胜任素质和安全绩效有促进作用。

H_{4a}：轨道交通司机心智模式对胜任素质具有提升效应。

H_{4b}：轨道交通司机心智模式和胜任素质在影响安全绩效过程中存在交互效应。

二、研究方案

（一）心智模式测量

本书采用吕晓俊于 2002 年编制的员工心智模式问卷，对轨道交通司机的心智模式进行测量。该问卷把心智模式的结构分为信念和知识两个维度，包括工作方式信念、信息知识、组织制度知识、工作风险性信念、同伴知识、冲突信念、工作需要满足信念、人际关系信念、工作硬件设施知识 9 个子要素。

根据问卷调查结果对心智模式问卷的信效度进行了检验。心智模式问卷的 Cronbach’s alpha 系数为 0.876，说明问卷具有较好的内部一致性信度。心智模式问卷的二因素结构能够很好地拟合样本数据，具体拟合指标如表 7–5 所示，说明心智模式问卷具有很好的结构效度。

表 7–5 心智模式问卷结构效度拟合指数

χ^2	df	χ^2/df	GFI	IFI	TLI	CFI	RMSEA
247.663	116	2.135	0.930	0.914	0.897	0.913	0.051

（二）促进作用数据分析

根据测评数据，将轨道交通司机心智模式得分前 25%作为高分组，后 25%作为低分组，对两组轨道交通司机的胜任素质水平和胜任素质变化情况进行 t 检验对比分析。

对轨道交通司机高分组和低分组的胜任素质水平进行对比分析，结果如表 7–6 所示。

表 7–6 轨道交通司机胜任素质水平比较分析

组别		个性特征	基础素质	专业能力	专业知识
高分组	均值	6.89	7.34	5.79	6.87
	标准差	0.986	0.840	1.078	0.943
低分组	均值	6.36	7.19	5.77	6.91
	标准差	0.952	0.835	1.090	0.920
t 值		2.08	0.78	0.94	1.02
显著性水平		0.04**	0.45	0.37	0.13

对轨道交通司机高分组和低分组的胜任素质水平在两年时间内的变化情况进行对比分析，结果如表 7–7 所示。

表 7–7 轨道交通司机胜任素质水平变化情况比较分析

组别		个性特征变化	基础素质变化	专业能力变化	专业知识变化
高分组	均值	0.02	0.48	0.89	0.78
	标准差	0.013	0.329	0.137	0.284
低分组	均值	0.01	0.32	0.56	0.67
	标准差	0.048	0.459	0.232	0.124
t 值		1.32	2.09	2.14	2.63
显著性水平		0.78	0.05**	0.03**	0.03**

（三）交互效应数据分析

采用回归分析的方法进行交互效应检验。回归分析检验交互效应方法流程如下：当两个自变量 x_1、x_2 都是连续变量时，为了分析交互效应，可以使用带有 x_1、x_2 项的回归模型：

$$Y = a_0 + a_1x_1 + a_2x_2 + a_3x_1x_2 + e$$

假设 H：a_3=0，做 t 检验，以推断 x_1 和 x_2 的交互效应是否显著。

分别以轨道交通司机安全任务绩效和安全关系绩效为因变量，以心智模型、胜任素质为自变量，进行回归分析，得到回归方程：

安全任务绩效=a_{10}+a_{11}·心智模式+a_{12}·胜任素质+a_{13}·心智模式·胜任素质+e_1

安全关系绩效=a_{20}+a_{21}·心智模式+a_{22}·胜任素质+a_{23}·心智模式·胜任素质+e_2

采用 SPSS 软件，针对轨道交通司机胜任素质、心智模式、安全任务绩效、安全关系绩效数据进行回归分析，结果如表 7–8 和表 7–9 所示。

表 7–8　心智模式和胜任素质对安全任务绩效影响交互效应分析

因变量	自变量	回归系数	*t* 值	*F* 值	*R*	R^2
安全任务绩效	心智模式	0.098	0.059	12.342 *p*=0.000	0.541	0.293
	胜任素质	0.339	2.733**			
	心智模式×胜任素质	0.456	4.024**			

表 7–9　心智模式和胜任素质对安全关系绩效影响交互效应分析

因变量	自变量	回归系数	*t* 值	*F* 值	*R*	R^2
安全关系绩效	心智模式	0.317	2.052**	21.285 *p* =0.000	0.569	0.324
	胜任素质	0.245	2.928**			
	心智模式×胜任素质	0.396	3.519**			

三、促进效应分析

由表 7–6 的 t 检验分析结果可以看出，轨道交通司机心智模型高分组和低分组在个性特征维度上具有显著性差异，高分组个性特征得分略高于低分组。由

表 7–7 的 t 检验分析结果可以看出，轨道交通司机心智模型高分组和低分组在基础素质变化、专业能力变化、专业知识变化方面均具有显著性差异，心智模式高分组的轨道交通司机胜任素质水平增长幅度高于低分组轨道交通司机，说明心智模式对轨道交通司机胜任素质具有提升作用，验证了研究假设 H_{4a}。

心智模式与胜任素质交互项在两个回归方程中的回归系数均显著（a_{13}=0.456，p<0.01；a_{23}=0.396，p<0.01），说明轨道交通司机心智模式和胜任素质在影响安全任务绩效和安全关系绩效过程中存在交互效应，验证了研究假设 H_{4b}。

结合前文分析可以看到，轨道交通司机心智模式对胜任素质具有提升作用，说明轨道交通司机心智模式一方面通过促进胜任素质水平提升，间接影响轨道交通司机工作绩效，另一方面通过和胜任素质的交互效应对轨道交通司机安全绩效产生影响。轨道交通司机心智模式对胜任素质和安全绩效影响机制如图 7–3 所示。

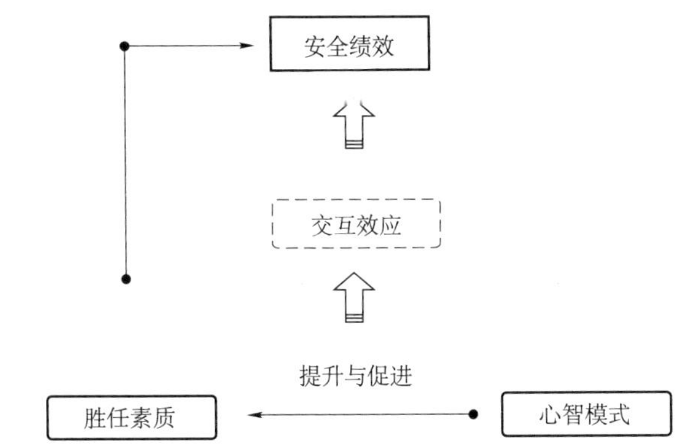

图 7–3　轨道交通司机心智模式对胜任素质和安全绩效影响机制

四、本节小结

本节针对轨道交通司机心智模型对胜任素质和安全绩效间的促进效应进行了分析，其中心智模型采用员工心智模式问卷，分为信念和知识两个维度，而胜任素质与安全绩效均与前文相似。

通过文献综述，认为胜任素质与心智模型可能存在提升作用、心智模型可能促进胜任素质与安全绩效间的关系及心智模型可能与胜任素质交互影响安全绩效，由此提出了假设。根据假设制定研究方案，在研究方案当中，检验了“员工心智模型问卷”的信效度，同时阐明了促进作用与交互效应二者的数据分析思路。

对轨道交通司机进行测量，再对数据进行分析，最后得出结论：轨道交通司机心智模式对胜任素质具有提升作用，说明轨道交通司机心智模式一方面通过促进胜任素质水平提升，间接影响轨道交通司机工作绩效，另一方面通过和胜任素质的交互效应对轨道交通司机安全绩效产生影响。

第八章

胜任素质视角下轨道交通司机安全性评价体系研究

如前文所述，轨道交通司机作为一种特殊的职业，其胜任素质综合表现为对列车专业知识技能的掌握，对于非正常行车状况的及时和准确处理，具有保证行车安全所需的心理、生理素质，以及对司机这一岗位的热爱等方面。德国飞机涡轮机的发明者德国人帕布斯·海恩提出一个在航空界关于飞行安全的法则——海恩法则。法则指出：每一起严重事故的背后，必然有 29 起轻微事故和 300 起未遂先兆及 1 000 起事故隐患。这一法则说明了飞行安全与事故隐患之间的必然联系，这种联系不仅仅表现在飞行领域，在轨道交通行车领域也存在。因此，轨道交通司机具备较高的胜任素质水平在很大程度上能够预防事故发生、保证行车安全。

明确了在行车安全系统中轨道交通司机胜任驾驶岗位所需的胜任素质，即明确了轨道交通司机承担这份工作所需要具备的知识、技能和素质。在此基础上，要对这些素质指标进行测试评价。从职业适宜性理论来看，一般职业的职业适宜性测试，主要注重与职业关系密切并有代表性的胜任素质的检测，对于特殊职业的适应性测试，一般是根据各职业的特点筛选出监测指标体系。轨道交通司机作为一种特殊职业，从行车安全的角度建立轨道交通司机的安全性评价指标并对其进行测评，是十分必要的。

第一节 轨道交通司机安全性评价指标研究

一、轨道交通司机安全性评价指标构建原则

轨道交通司机的胜任素质，通常是由很多方面来体现出其本身的特征，在研究胜任素质视角下轨道交通司机安全性评价指标时，要度量这种特征被表现的具体程度，必须有相应的介质来传递，度量这种特征表现的过程就是对与安全相关的胜任素质测评或评价的过程。在胜任素质指标体系中，每个指标对轨道交通司机的安全性的某种特征进行度量，必须科学客观地反映各种因素和信息。为此需要建立一套较为客观、简捷、实用、易于测量的安全性评价指标体系。

在“人–机–环境”系统中，“人的因素”较为复杂，轨道交通司机胜任素质构成要素的多元性、人类作用的主导性、各项素质对行车安全影响的复杂性，使轨道交通司机胜任素质对行车安全影响的评价指标体系的建立变得较为困难。在实际建立指标活动中，并非指标越多越好，但也不是越少越好。评价指标过多，存在重复性；评价指标过少，可能所选指标缺乏足够的代表性。要建立一个合理有效的能力指标体系，必须对轨道交通司机工作环境、岗位特点及轨道交通行车系统有充分认识，同时对行车安全系统中人的各种因素有清醒的认识，因此，轨道交通司机安全性评价指标体系建立时必须遵循如下原则。

（一）系统性原则

安全性评价指标体系应能全面反映轨道交通司机的本质特征和整体水平。指标体系必须层次清楚、结构合理、相互关联、协调一致。同时，要抓住主要因素，以保证安全性水平的全面性和可信度。基于胜任素质的轨道交通司机安全性评价的研究是跨学科、综合性的研究领域，因此，必须对胜任素质的层次、结构和内部作用关系有全面而清晰的把握，既不能以偏概全，又要突出主导因素的影响。系统地找出人的不安全行为中容易使人产生差错和违规行为的胜任素质，即容易

造成偏离安全操作程序、标准或规章及导致失误、遗忘、错误的素质。

（二）科学性原则

以科学理论为指导，以客观系统的内部要素及其本质联系为依据，定性与定量分析相结合，既有定性描述，又有定量分析。尽可能使定性问题数量化，便于用数学模型处理，以保证实证研究的客观性。同时，指标体系要能够客观地反映出胜任素质对行车安全影响的根源，并且尽可能地应用现代科学技术予以权衡，进行科学化的定量表达。

（三）层次性、独立性原则

所设立的指标体系要层次清楚，逻辑关系明确，既便于抓住主要因素，又要兼顾次要因素，能保证测评的有效性。但同时，同层次上的指标不应该具有包含关系，保证指标能从不同方面反映轨道交通司机安全性的实际情况，各测评指标和相应标准应相互独立。

（四）可测性、可比性原则

轨道交通司机胜任素质对行车安全的影响是一个人机结合、人–机–环境相互作用的过程，这种影响将受到时间、空间等多种因素的制约。选取指标时，必须保证指标的可测性，即指标能够被测定或度量，尽可能用数字说话，即指标含义要明确、数据要规范、口径要一致、资料收集要简便。满足指标可测性的同时，必须考虑指标的可比性，即同一测评对象的各指标可以相互比较，以便能确定其相对优劣的程度。可比性越强，测评结果的可信度越大。但实际中并不是所有想得到的数据都可以得到，同时并不是所有可以得到的数据都可以很好地用于两者的实证研究，所以在选择安全性评价指标时必须要符合客观实际、易于收集、便于比较。

（五）典型性、代表性原则

基于胜任素质的轨道交通司机安全性评价是一个复杂的多因素作用过程，所有的因素都可能反映一定的作用效果。但如果将所有的因素都考虑用于安全性测评，势必造成指标体系的臃肿和庞大，研究时更容易导致错误的结论出现。所以在选择安全性评价指标时，应遵从代表性原则，从中选取一些意义明确、能说明问题、对行车安全有较大影响的指标进行分析，以提高研究结果的可靠性，提高工作效率[①]。

二、轨道交通司机安全性评价指标构建思路

在研究轨道交通司机安全性评价指标时，除坚持上述原则外，还应在充分了解轨道交通司机工作状况的基础上，研究轨道交通司机的哪些胜任素质对行车安全（安全绩效）有重要的影响作用，上文在这方面已经做了深入分析，此外，结合轨道交通司机的自身经验，即他们认为实现安全驾驶所应具备的胜任素质，最后得出轨道交通司机的安全性评价指标，具体的研究思路如图 8–1 所示。

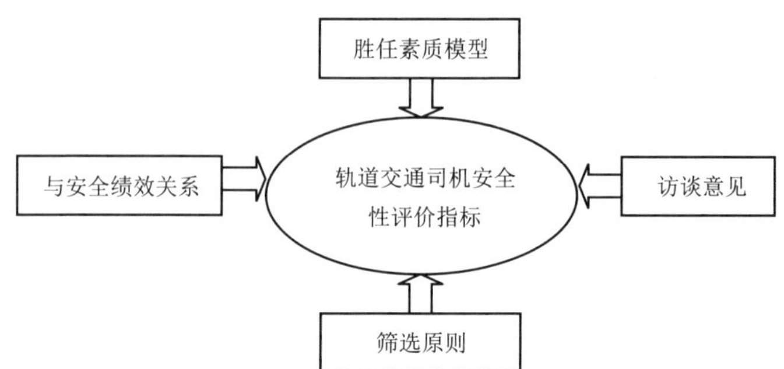

图 8–1 轨道交通司机安全性评价指标构建思路

三、轨道交通司机安全性评价指标构建

依据上述轨道交通司机安全性评价指标构建思路，我们首先对轨道交通司机行了访谈。仍以动车组司机为例，通过对 30 名轨道交通司机的访谈，了解了轨道交通司机自身的想法。通过提问如“您认为轨道交通司机具备哪些素质对于保证行车安全至关重要”等问题，了解了轨道交通司机的安全性要求，在访谈中，大

① 邓院昌，余志，周卉. 风电场宏观选址中交通条件的一种评价方法. 华东电力，2010（2）：281–284.

多数司机强调了心理素质对行车安全的重要性，同时，通过对司机意见的汇总，发现上述构建的胜任素质模型基本能够涵盖轨道交通司机安全性评价的内容。

通过以上分析，可以得出轨道交通司机安全性评价的指标，如图 8–2 所示。

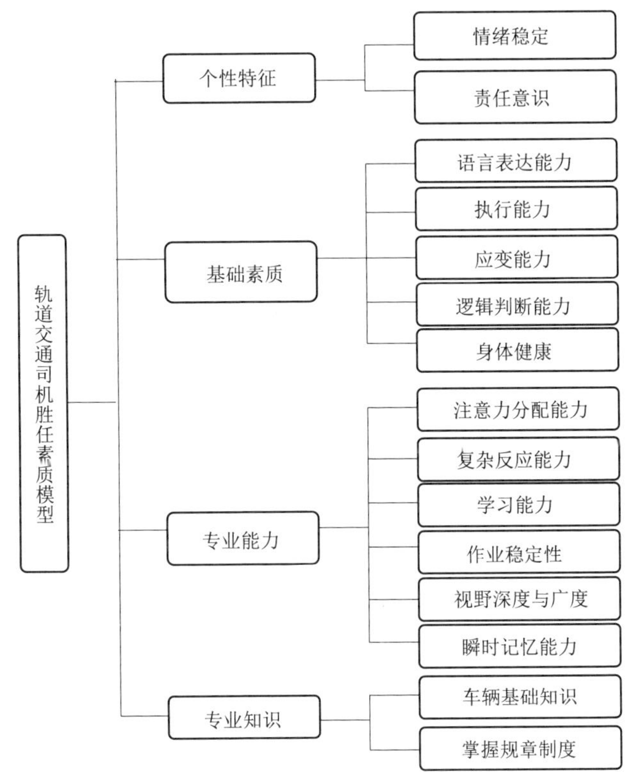

图 8–2 轨道交通司机安全性评价指标

第二节 轨道交通司机安全性评价指标权重分析

在分析了轨道交通司机安全性评价指标后，要对各个指标的权重进行分析，本书主要采用粗糙集理论进行权重的确定。

一、粗糙集理论的基本概念

粗糙集（rough set，RS）是由波兰数学家 Z. Pawlak 于 1982 年提出的，一种研究不完整、不确定和不精确信息的数学理论。粗糙集理论建立在分类机制的基础上，将分类理解为在特定空间上的等价关系，而等价关系构成了对该空间的划分。粗糙集理论将知识理解为对数据的划分，每一被划分的集合称为概念。其主要思想是利用已知的知识库，将不精确或不确定的知识用已知知识库中的知识来（近似）刻画。粗糙集理论无须对数据的局部给予主观评价，从这个角度上讲，粗糙集理论对不确定性的描述相对比较客观。

近年来，粗糙集理论已被成功地应用在机器学习与知识发现、数据挖掘、决策分析、过程控制、模式识别等领域，为智能信息处理提供了有效方法，同时也为轨道交通司机安全性评价指标权重构建提供了新的思路。下面对本书所引用的粗糙集的基本公式做一个简单介绍。①

（一）知识与知识库

设 U 是一个非空集合，称为论域。任何子集 $X\subseteq U$，称为 U 中的一个概念或范畴。为了规范化起见，假定空集也是一个概念。U 中任何一个概念称为关于 U 的抽象知识，简称知识。U 上的一簇划分称为关于 U 的一个知识库。

设 R 为 U 上的等价关系。若 $P\subseteq R$，且 $P\neq\varnothing$，则 $\cap P$（P 中全部等价关系的交集）也是一种等价关系，称为 P 上的不可区分关系，记为 $\mathrm{Ind}(P)$，且有：

$$[x]_{\mathrm{Ind}(P)}=\bigcap\nolimits_{R\in P}[x]_R \tag{8.1}$$

（二）粗糙集基本概念

设 $U=\{x_1,x_2,\cdots,x_n\}$ 是非空有限论域，R 是 U 上的二元等价关系，R 称为不可分辨关系，序对 $K=(U,R)$称为近似空间。任意 $(x,y)\in U\times U$，若 $(x,y)\in R$，则称对象 x 与 y 在近似空间 A 中是不可分辨的。U/R 是 U 上由 R 生成的等价类全体，它构成了 U 的一个划分。U/R 中的集合称为基本集或原子集。若将 U 中的集合称

① 徐伟华. 序信息系统与粗糙集. 北京：科学出版社，2013：1–3.

为概念或表示知识，则 $K=(U, R)$称为知识库，原子集表示基本概念或知识模块。

定义 8.1　设 R 为 U 上的等价关系簇，称 $K=(U, R)$为 Pawlak 近似空间。对于任意的 $x_i \in U$，对象 x 关于 R 的等价类为：

$$[x_i]_R = \{x_j \in U \mid (x_i, x_j) \in R\} \tag{8.2}$$

记 $U/R = \{[x]_R \mid x \in U\}$，则 U/R 构成 U 的一个划分。其中$[x]$是 x 所在的 R–等价类。

通常，子集 $X \subseteq U$ 称为 U 中的一个概念，当 X 是 R 的某些等价类的并时，称 X 关于 R 是可定义的或精确的；否则称 X 关于 R 是不可定义的或粗糙的。

每一个不确定概念可由一对称为上近似和下近似的精确概念来表示。下面给出上、下近似的定义。

定义 8.2　设 U 为论域，R 是 U 上的一个等价关系，对于任意子集 X，若

$$\begin{aligned}\underline{R}(X) &= \{x \in U \mid [x]_R \subseteq X\} \\ &= \cup\{[x]_R \mid [x]_R \subseteq X\}\end{aligned} \tag{8.3}$$

$$\begin{aligned}\overline{R}(X) &= \{x \in U \mid [x]_R \cap X \neq \varnothing\} \\ &= \cup\{[x]_R \mid [x]_R \cap X \neq \varnothing\}\end{aligned} \tag{8.4}$$

则称 $\underline{R}(X)$ 为 X 的 R–下近似，$\overline{R}(X)$ 为 X 的 R–上近似，简称下近似和上近似。若 $\underline{R}(X) = \overline{R}(X)$，则称 X 为精确集。否则，称 X 为粗糙集，或简称粗集。

显然，粗糙集 X 关于 R 的边界域、正域和负域构成了 U 的划分，它们彼此交集为空集。

进一步讲，$\underline{R}(X)$ 或正域 $\mathrm{pos}_R(X)$ 是指那些根据知识 R 判断肯定属于 X 的 U 中元素组成的集合；$\overline{R}(X)$ 是指那些根据知识 R 判断可能属于 X 的 U 中元素组成的集合；边界域 $\mathrm{bn}_R(X)$ 那些根据知识 R 既不能判断肯定属于 X 又不能判断肯定不属于 X 的 U 中元素组成的集合；负域 $\mathrm{neg}_R(X)$ 是指那些根据指知识 R 判断肯定不属于 X 的 U 中元素组成的集合。

记

边界域：$\mathrm{bn}_R(X) = \overline{R}(X) - \underline{R}(X)$

正域：$\mathrm{pos}_R(X) = \underline{R}(X)$

负域：$\mathrm{neg}_R(X) = U - \overline{R}(X)$

（三）知识约简

知识约简是粗糙集理论的核心内容之一。所谓知识约简，就是在保持知识库分类能力不变的前提下，删除其中不相关或不重要的知识，以减少关联规则搜索和频繁集生成的时间复杂度。完成知识的约简是在约简和核这两个基本概念上进行的。在知识约简中，经常遇到的是决策表的约简。对决策表的约简一般分为两类：对条件属性的约简和对决策属性的约简。

有些属性在知识表达中是冗余的，为了判断这些冗余，引入了独立和依赖的概念。

定义 8.3 （必要）如果 $\mathrm{Ind}(R)=\mathrm{Ind}(R-\{r\})$，其中，$R\subseteq K$，$r\in K$，$K=(U, R)$ 称为知识库，则称 r 为 R 中不必要的；否则称 r 为 R 中必要的。如果 $\forall r\in R$，都是 R 中必要的，则称 R 为独立的；否则称 R 为依赖的。

定义 8.4 （独立）设 $P\subseteq R$，如果 P 是独立的，且 $\mathrm{Ind}(R)=\mathrm{Ind}(P)$，则称 P 为 R 的一个约简。R 中所有必要关系组成的集合称为 R 的核，记作 $\mathrm{Core}(R)$，R 是可以有多个约简的，以 $\mathrm{Red}(R)$表示 R 的所有约简的集合。

其中，评估信息表的建立和连续属性离散化是为用粗糙集理论进行分析提供数据保证；初始指标的约简是利用粗糙集中属性约简算法对建立的初始指标体系。

二、基于粗糙集的轨道交通司机安全性评价指标权重构建

本研究将粗糙集理论引入轨道交通司机安全性评价指标权重的构建中，用粗糙集理论中属性约简算法对指标体系进行简化，删除冗余的信息，并利用粗糙集中属性重要度的概念计算各指标的权重，从而提出一种基于粗糙集的轨道交通司机安全性评价指标权重构建思路，如图 8–3 所示。

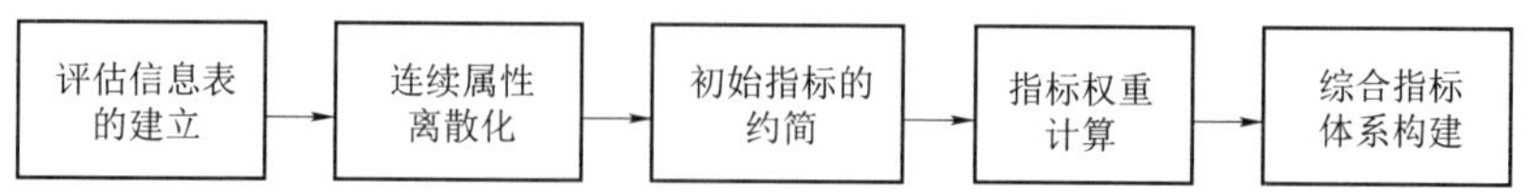

图 8–3　基于粗糙集轨道交通司机安全性评价指标权重构建思路

其中，评估信息表的建立和连续属性离散化是为用粗糙集理论进行分析提供数据保证；初始指标的约简是利用粗糙集中属性约简算法对建立的初始指标体系进行简化；指标权重计算是利用粗糙集中属性重要度的测算方法，确定轨道交通司机安全性评价指标简化后的各指标的权重；综合指标体系构建是在前面权重计算结果的基础上，结合指标的特点进行归类分析，最后得出轨道交通司机安全性评价指标体系。

（一）安全性评价指标评估信息表的建立

在用粗糙集理论对指标数据进行分析之前，需要把所有的指标数据汇总到一个信息表中，如表 8–1 所示。信息表的行代表对象及其各属性的值，列代表属性及各对象的属性值，相应的指标值就是要处理的数据。

表 8–1　汇总的信息表

指标 评估对象	c_1	c_2	…	c_m
x_1	…	…	…	…
x_2	…			
⋮			…	
x_n	…	…	…	…

在表 8–1 中，x_i 表示第 i 个评估对象，$i=1,2,\cdots,n$，n 表示评估单位的数量；c_j 表示第 j 个评估指标，$j=1,2,\cdots,m$，m 表示评估指标的数量。针对前文的安全性评价指标体系，请所调研的轨道交通司机及其领导对这些指标进行打分，其中 5 代表最高分，1 代表最低分，获得了建立轨道交通司机安全性评价指标所需要的数据。应用粗糙集理论，条件属性指标就是这 15 个安全性评价指标，由于本研究是为了建立轨道交通司机安全性评价指标，因此该信息表中没有决策属性，则初始评估信息表如表 8–2 所示。

表 8–2 轨道交通司机安全性评价指标初始评估信息表

U	条件属性																	
	a	*b*	*c*	*d*	*e*	*f*	*g*	*h*	*i*	*j*	*k*	*l*	*m*	*n*	*o*			
1	5	5	4	4	4	5	4	4	4	3	5	3	5	2	4			
2	5	5	5	3	5	5	5	5	4	5	5	4	5	5	5			
3	5	5	5	5	4	4	4	4	5	5	4	5	4	5	3			
4	4	4	4	5	5	4	3	4	5	5	4	5	4	4	5			
5	2	2	1	2	2	3	1	2	2	2	2	2	1	2	5			
6	5	5	5	5	5	4	4	4	4	4	4	5	5	5	5			
7	5	3	4	5	4	3	3	3	3	3	3	4	4	2	4			
…	…																	

在上述表格中，第一列中数字 1，2，…代表轨道交通司机及其领导 60 人的编号，字母 *a* 到 *o* 代表初选轨道交通司机安全性评价指标集中的 15 个评价指标，表格中间的数字对应各项指标的得分。1 分表示很不重要，2 分表示较不重要，3 分表示一般，4 分表示较重要，5 分表示很重要。

（二）连续属性的离散化

在对轨道交通司机安全性评价指标评估的研究中，无论是定性的指标还是定量的指标，其指标值大多都是连续型的。粗糙集的数学基础是集合论，难以直接处理连续型的属性值，根据粗糙集理论的要求，需要先将连续属性进行离散化。

（三）初始指标的约简

对初选指标集中的 4 个维度进行筛选，在心理素质维度中，深度知觉和作业稳定性对于知识的重要性为零，即 $S_{\mathrm{A}}(a_5)=0$ 、$S_{\mathrm{A}}(a_6)=0$，但 $S_{\mathrm{A}}(a_5,a_6)>0$，且作业稳定性的重要性大于深度知觉，因此，剔除指标深度知觉；通过相关性计算，在能力维度中，语言理解及表达能力与逻辑推理能力的重要性为零，即 $S_{\mathrm{A}}(a_9)=0$ 、$S_{\mathrm{A}}(a_{10})=0$ 且 $S_{\mathrm{A}}(a_9,a_{10})=0$，所以剔除这两个指标，同时，感知能力和速度预测的相关系数大于 0.8，但感知能力的重要性小，因此被剔除。

（四）指标权重计算及综合指标体系构建

采用 MATLAB 6.5 和 SPSS 软件对所得数据进行编程运算，得到了轨道交通司机安全性评价指标体系及各项指标的权重，如表 8–3 所示。

表 8–3　轨道交通司机安全性评价指标体系

维度	维度权重	二级指标	维度内指标权重
专业能力	0.306	复杂反应能力	0.109 1
		注意力分配能力	0.243 3
		学习能力	0.128 5
		作业稳定性	0.121 3
		视野深度与广度	0.203 2
		瞬时记忆能力	0.194 6
基础素质	0.295	应变能力	0.249 9
		执行能力	0.146 6
		语言表达能力	0.106 2
		逻辑判断能力	0.277 4
		身体健康	0.219 9
个性特征	0.105	责任意识	0.509 7
		情绪稳定	0.490 3
专业知识	0.294	车辆基础知识	0.500 0
		掌握规章制度	0.500 0

下面对上述一些重点评价指标进行简要的说明。

1. 个性特征

个性特征就是每个轨道交通司机个体独特的、稳定的对待现实的态度和习惯化了的行为方式，它是一个人区分于其他人的稳定的心理特征。主要反映轨道交通司机的性格是外向、内向及是否有偏激行为等，是否具有保证行车安全的正常的性格特征。

2. 情绪稳定

主要是指轨道交通司机在工作中，是否对工作有负责到底的精神；是否能令人信服地完成工作；是否具有积极、主动、认真的工作态度；是否热爱工作、奋发向上；是否对工作的要求比较高；是否具有正确的人生观、价值观等。另外，还要看其是否有不良性格。

3. 责任意识

主要是指轨道交通司机在工作中，是否具有安全第一的思想意识；是否牢记机车乘务员的规章制度；是否明确作为一名机车乘务员的工作职责；是否自觉、认真地履行工作职责。

4. 执行能力

主要是指轨道交通司机在工作中，是否可以将自己的责任意识明确并把它变成行动；是否不折不扣地执行《铁路技术管理规程》《机车乘务员非正常行车处理程序》；是否保质保量地完成安全驾驶任务。

5. 应变能力

主要是指轨道交通司机在工作中，是否可以对外界突发事物、行车非正常情况等做出快速反应，并且合理地处理突发情况；是否能够经过认真快速地思考做出正确判断与决策，以确保列车的安全运行。

6. 复杂反应能力

主要是指轨道交通司机在工作中，是否能够在面对高压、复杂多变的情况时做出正确的判断、决策；是否可以在列车高速运行环境中合理解决突发情况下产生的问题，并且出色地完成驾驶任务。

7. 学习能力

主要是指轨道交通司机在工作中，是否具有主动学习的精神，对于新知识、新技能、新规章是否有正确的认识并能将所学的知识准确适时地运用到日常的行车过程中；同时，对于经常出现的非正常行车情况，能够及时总结，吸取教训。

8. 作业稳定性

主要是指轨道交通司机在工作中，是否具有良好稳定的业务能力，能够控制自己的情绪不受外界的影响，并且无论有没有指导司机或者车队长的监督，都能做到始终如一地坚持执行标准化作业。

9. 瞬时记忆力

主要是指轨道交通司机在工作中，能否快速准确地记住调度人员的命令术语，能否按照正确的行车路线安全行车。

10. 注意力分配能力

主要是指轨道交通司机在行车过程中，能否集中注意力进行不间断瞭望，不与人交谈；同时，能否合理地分配注意力，严格执行标准化作业。

11. 视野深度与广度

主要是指轨道交通司机在行车过程中，是否具备良好的视觉能力，能够在快速行车过程中看清前方事物，并且做出准确判断；同时，对于前方出现的信号灯，能否准确辨识，并且按照信号灯的指示安全行车。

三、对轨道交通司机安全性评价指标体系的修正

（一）综合评价

通过上述指标，采用相应的测评手段，可以对轨道交通司机进行安全性评价。首先根据素质指标及相应权重对其进行综合评价，并找出评价指标中得分较低的指标，采取措施对其进行培训，提高其安全作业水平，确保行车安全。对司机安全性水平进行综合评价后，要结合轨道交通司机的岗位特殊性，对其进行一票否决评价。

（二）一票否决制

由前文分析可知，轨道交通司机的个性特征和情绪稳定对驾驶工作的影响很大，轨道交通司机应培养自己具备优良的性格特征，在对待集体、他人、事物和劳动上要有积极的态度，同时具备良好的自控能力、坚定果敢的品性、严谨认真等性格特征，在铁路工作岗位，爱岗敬业是做好安全工作的关键，工作态度和责任心在很大程度上决定了行车安全系数的高低。心理学研究表明，个性是天生的，是不能选择的，它虽然在后天可以得到优化和改造，但其基本的性质是不会改变

的。性格对一个人的职业适宜性起着至关重要的作用，特定的性格适合于从事特定的职业，勤劳、认真、仔细、具有自信心和控制能力的人，以及富有稳定和持久的情绪特征的人，有利于做好各项安全工作。在气质方面，胆汁质的人往往容易冲动，表现为性急而粗心，多血质的人注意力容易转移，缺乏耐性，这些都可能引发事故，黏液质的人表现为细心、稳定、工作有持久性，比较适合在安全和要害部门工作。

可是，轨道交通司机每天都生活在复杂的社会环境之中，不断与外界社会进行相互作用，几乎时刻都在与他人进行着各种形式的交往或联系。社会人际关系不良、家庭冲突或各种生活事件等问题常会发生。因此，对于个体来说也就时常会产生各种复杂的心理冲突。在作业中，对于不少人来说，很难把这些心理矛盾和各种杂念全部排除在工作之外，以致出现分心或反应迟钝等情况。

考虑到轨道交通司机作为一种特殊职业，其安全性水平的高低关系到人民的生命财产安全，轨道交通司机必须有正确的价值观和动机，因此把个性特征作为一项可以直接淘汰的指标，发现轨道交通司机具备偏激或者不正当的态度动机，应将其淘汰，以此来保证行车安全。

第三节　轨道交通司机安全性评价方法

针对上述轨道交通司机安全性评价指标，结合国内外安全性评价的方法及我国轨道交通司机工作的实际情况，将这些安全性评价指标分类，并提出了基于体检、结构化面试、专业知识测试和职业心理素质测试的轨道交通司机安全性评价方法（见表 8–4），并将其运用到轨道交通司机的安全性评价工作中。

表 8–4　轨道交通司机安全性评价方法

一级指标	二级指标	测评方法
专业能力	复杂反应能力	职业心理素质测试
	注意力分配能力	

续表

一级指标	二级指标	测评方法
专业能力	学习能力	职业心理素质测试
	作业稳定性	
	视野深度与广度	
	瞬时记忆能力	
基础素质	应变能力	结构化面试
	执行能力	
	语言表达能力	
	逻辑判断能力	
	身体健康	体检
个性特征	责任意识	结构化面试
	情绪稳定	
专业知识	车辆基础知识	理论考试
	掌握规章制度	

在上述评价手段中，体检主要考察轨道交通司机的生理素质；结构化面试主要通过设置结构化的题目，采取问答的形式对轨道交通司机的应变能力、逻辑判断能力、执行力及语言表达和理解能力进行考察，同时，由面试考官对其表现进行打分；专业知识测试主要通过建立题库考查轨道交通司机的理论知识。通过前文分析，可以看出职业心理素质在保障行车安全中的特殊重要性，因此本书建立了职业心理素质测验考察轨道交通司机的职业心理素质。

第九章

轨道交通司机安全性测评分析

本章以 A 市地铁司机为例，进行轨道交通司机安全性测评分析。由前面分析可以看出，轨道交通司机的安全性评价指标体系包括专业知识、专业能力、个性特征和基础素质四个维度，其中轨道交通司机在上岗前已经通过了理论考试、业务素质考核等选拔测试，其专业知识、基础素质已经达到了胜任轨道交通司机岗位的水平，而且这些素质指标随着轨道交通司机经验的增长在一定程度上还有可能增强；而随着轨道交通列车运行环境的变化，对作业人员的专业能力提出了更高的要求，特别是轨道交通司机，为保证行车安全，要求他们具有良好的专业能力。实践证明，在危险、紧张的工作环境中，专业能力强就会激发斗志、振奋精神、增强信心、临危不惧，轨道交通司机的水平就会得到更好的发挥，司机也能更快、更正确地处理险情，确保运输安全和人身安全。

此外，轨道交通司机作为一种特殊职业，工作过程中的不确定和不可控的干扰因素多，其肩负着重大责任，保持着高度的身心紧张状态，这就要求轨道交通司机要冷静、理智、胆大心细、应变力强、自控力强、精力充沛。同时对其性格特征提出了特定要求，因为轨道交通司机的行为关系着其自身及更多人的生命安全，关系着国家和人民的财产安全，在这种情况下性格特征对于保证轨道交通司机行车安全极为重要。因此，本章仍以动车组司机为例，重点对轨道交通司机的专业能力及个性特征进行安全性测评。

第一节　轨道交通司机专业能力测评体系

一、测评指标与测评样本

（一）测试项目与指标

通过以上分析可以看出：轨道交通司机的专业能力主要有反应能力、学习能力、瞬时记忆能力、注意力分配能力和作业稳定性。针对上述指标，结合项目组前期的研究成果及国内外相关人员的测评指标及测评方法，建立了相应的测评体系，如表 9–1 所示。

表 9–1　轨道交通司机专业能力测评方法体系

专业能力指标	测　试　项　目
反应能力	复杂反应测试、速度预测测试、深度知觉测试
学习能力	学习能力测试
瞬时记忆能力	瞬时记忆能力测试
注意力分配能力	注意力分配能力测试、视野范围能力测试
作业稳定性	作业稳定性测试

（二）参加测评的轨道交通司机基本情况

参加测评的轨道交通司机中，中专、技校学历的人员占了一半以上的比例；高中及高中以下程度的人员所占比例较少；大专及大专以上人员占了 35%，总体来看大多数轨道交通司机的学历还是比较高的，如图 9–1 所示。

参加测评的轨道交通司机工龄在 0～4 年的人员占 13%；工龄在 5～9 年的人员占 30%；10～14 年的人员占 31% ；15～19 年的人员占 11%；20 年以上的占 15%。大多数轨道交通司机的工龄居于 5～14 年这个区域，如图 9–2 所示。

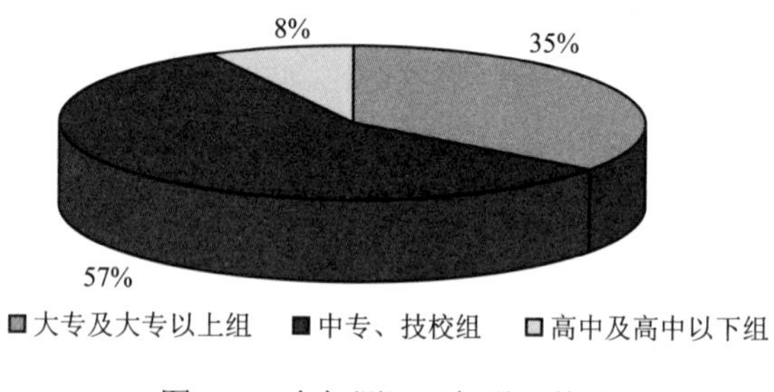

图 9–1 参加测评司机学历构成

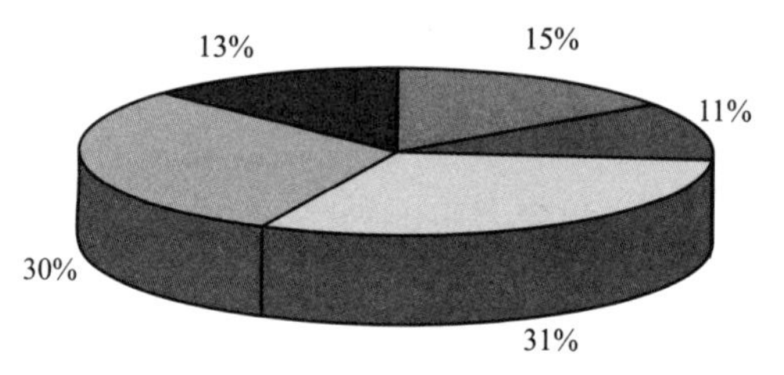

图 9–2 参加测评司机工龄构成

轨道交通司机的日常工作表现评价中，良占的比例最大，达到 64%；其次是优，占 25%；达标的人员占 9%；不达标的人员所占比例最小，占 2%。如图 9–3 所示。

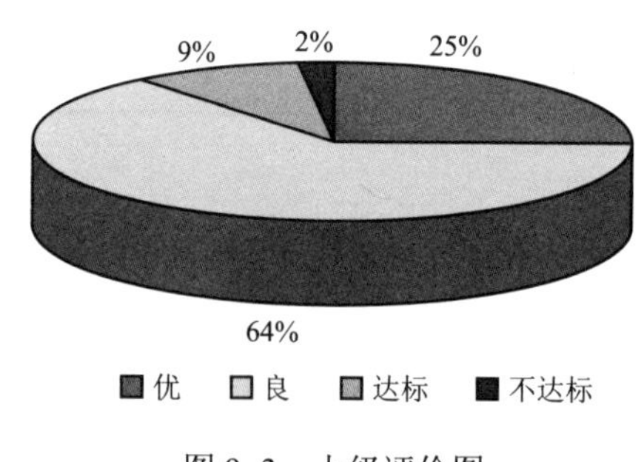

图 9–3 上级评价图

二、各项测评指标总体描述分析

所有参与测试的轨道交通司机的各项指标总体情况如表 9–2 所示。

表 9-2　各项指标总体描述

	人数	最小值	最大值	平均值	标准差
复杂反应错误次数	185	0	30	11.23	10.654
复杂反应平均反应时间	138	0.414 5	5.636 6	0.847 302	0.576 695 0
深度知觉平均距离偏差	185	0.550 0	36.533 3	5.123 514	5.002 405 0
速度预测	185	1.530 9	16.149 2	3.928 326	2.070 341 8
注意力分配	185	50.691 5	290.839 0	99.578 500	27.013 694 6
稳定性错误次数	185	1	1 072	48.30	138.995
稳定性平均值	185	3.500 0	63.928 6	36.436 680	9.986 163 0
顺背位数	185	0	12	7.90	1.828
倒背位数	185	0	11	6.22	2.643
总位数	185	0	21	14.11	3.682
学习能力	185	1	80	41.04	10.071
视野广度	185	0	13	7.71	2.794
有效数值	138				

上表显示，从指标的最大值和最小值可以看出参加测试人员间存在较大的差距，如复杂反应平均反应时间最好的为 0.414 5 秒，最差的为 5.636 6 秒；学习能力最好的为 80 分，最差的为 1 分。通过对所有数据进行距离相关分析下的样本之间的不相似测量，发现样本间存在很大距离。

第二节　轨道交通司机性格特征测评研究

一、轨道交通司机性格特征测评方法

仍以 A 市动车组司机为研究对象，对被测者采用“卡特尔 16PF 问卷”进行测试，共获取 185 组有效测试数据。作为人格测量工具，它可以测量 16 种基本人格特质，每种人格特质依据高分和低分可以划分为两个不同的程度释义，如表 9-3 所示。我国学者于 1989 年将此测验翻译成中文版本，并建立了中国人常模，适用于具有初三以上文化程度的青年、壮年和老年人。本书即采用卡特尔 16PF 量表，通过计算机向被试者呈现题目，被试者在计算机上直接操作完成测试并计分。

表 9–3 卡特尔 16PF 量表释义

变量名称	高分描述	低分描述
乐群性 A	外向，热情，乐群	缄默，孤独，冷漠
聪慧性 B	聪明，富有才识，学习能力强	思想迟钝，学识浅薄
稳定性 C	情绪稳定而成熟，能面对现实	情绪激动，易生烦恼，心神不定
恃强性 E	好强固执，独立积极	谦逊，顺从，通融，恭顺
兴奋性 F	轻松兴奋，随遇而安	严肃，审慎，冷静，寡言
有恒性 G	有恒负责，做事尽职	苟且敷衍，缺乏奉公守法的精神
敢为性 H	冒险敢为，少有顾忌	畏怯退缩，缺乏自信心
敏感性 I	敏感，感情用事	理智，注重现实，自食其力
怀疑性 L	怀疑，刚愎，固执己见	依赖随和，易与人相处
幻想性 M	幻想的，狂放不羁	现实，合乎成规，力求妥善合理
世故性 N	精明能干，世故	坦白，直率，天真
忧虑性 O	忧虑抑郁，烦恼自扰	安详，沉着，有自信心
实验性 Q1	自由，激进，不拘泥于现实	保守，尊重传统观念与行为标准
独立性 Q2	自立自强，当机立断	依赖，随群附众
自律性 Q3	知己知彼，自律谨严	矛盾冲突，不顾大体
紧张性 Q4	紧张困扰，激动挣扎	心平气和，闲散宁静

对 185 位被测试轨道交通司机的测试结果进行基本情况统计，他们的卡特尔 16 种人格因素测试总体得分情况如表 9–4 所示。

表 9–4 16 种人格因素总体得分描述统计表

	人数	最小值	最大值	平均值	标准差	方差
乐群性	185	1	9	5.69	1.699	2.888
聪慧性	185	2	10	5.89	1.398	1.956

续表

	人数	最小值	最大值	平均值	标准差	方差
稳定性	185	1	10	5.05	1.802	3.247
恃强性	185	2	10	6.38	1.485	2.204
兴奋性	185	1	10	7.02	1.884	3.549
有恒性	185	1	10	5.21	1.483	2.200
敢为性	185	2	10	6.79	1.951	3.805
敏感性	185	2	9	4.81	1.616	2.611
怀疑性	185	1	9	4.83	1.794	3.220
幻想性	185	1	9	5.39	1.632	2.664
世故性	185	1	9	5.77	1.458	2.125
忧虑性	185	1	10	4.58	1.753	3.071
实验性	185	1	10	5.11	1.392	1.938
独立性	185	1	10	4.86	1.564	2.448
自律性	185	1	9	5.64	1.465	2.145
紧张性	185	2	10	5.72	1.628	2.649

在16种人格因素中，忧虑性、独立性、敏感性、怀疑性的平均得分比较低，表明地铁轨道交通司机的整体情绪比较低落，长时间处于较差的工作环境时，容易焦虑。恃强性、兴奋性、敢为性的平均得分比较高，说明被测轨道交通司机冒险敢为，少有顾忌的特质偏高，在下面的分析中会着重注意以上人格因素的分析。

二、轨道交通司机各人格因素得分统计

（一）乐群性

乐群性得分是测试个体对所处的群体所表现出的喜爱程度。标准得分小于等于3分的人在行为特征上表现为缄默，孤僻，对他人的关注和感兴趣程度比较低，

对待他人缺乏热情；标准得分大于等于 8 分的人在行为特征上表现为热情大方，友好随和，乐于与他人接触，交际广泛。

如图 9–4 所示，本次测试的轨道交通司机中，标准得分 1～3 分的人数占总人数的 10.27%；4～7 分的人数占总人数的 72.97%；8～10 分的为高分，占总人数的 16.76%。表明这组轨道交通司机中，绝大多数（89.73%）人员的乐群程度都在中等以上，具备了合格轨道交通司机的乐群倾向的基本要求。

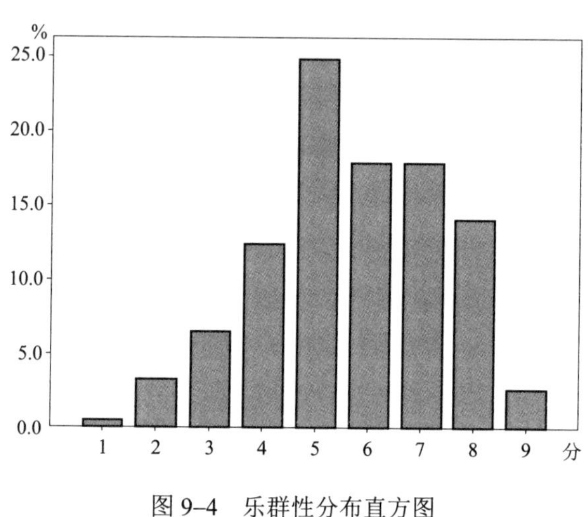

图 9–4　乐群性分布直方图

（二）聪慧性

聪慧性是一个人智力水平的体现。标准得分小于等于 3 分的人在行为特征上表现为思想迟钝，学识浅薄，抽象思考能力弱；标准得分大于等于 8 分的人在行为特征上表现为聪明，富有才识，善于抽象思考，学习能力强，思维敏捷。

如图 9–5所示，本次测试的轨道交通司机中，标准得分 1～3 分的人数占总人数的 4.32%；4～7 分的人数占总人数的 81.09%；8～10 分的为高分，占总人数的 14.59%。表明这组轨道交通司机中，绝大多数（95.68%）人员的聪慧程度都在中等以上，具备了合格轨道交通司机的心理智力的基本要求。

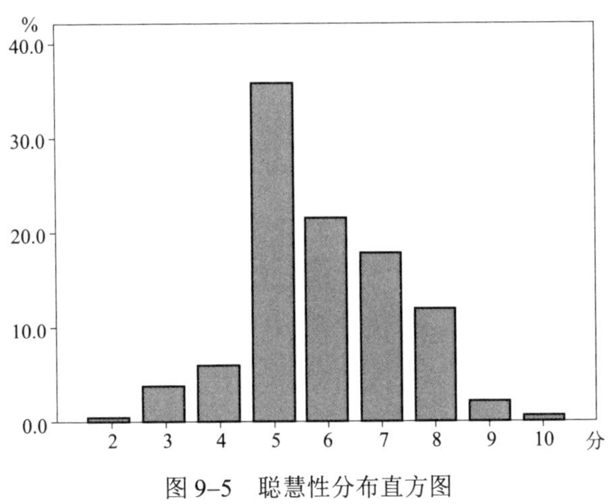

图 9–5　聪慧性分布直方图

（三）稳定性

稳定性得分是测试个体情绪稳定、成熟和能面对现实的程度。标准得分小于等于 3 分的人在行为特征上表现为情绪激动，易生烦恼，心神动摇不定，易受环境支配。标准得分大于等于 8 分的人在行为特征上表现为情绪稳定而成熟，能面对现实。

如图 9–6 所示，本次测试的轨道交通司机中，标准得分 1～3 分的人数占总人数的 16.22%；4～7 分的人数占总人数的 72.43%；8～10 分的为高分，占总人数的 11.35%。表明这组轨道交通司机中，稳定性程度在中等水平的人员占 72.43%，呈现中间得分的人数多，两端低分和高分的人数少的趋势，符合正态分布的规律，说明绝大部分轨道交通司机符合情绪稳定要求。

（四）恃强性

恃强性是测试个体自认为与其他个体相比具备超出其他个体能力的自我感觉及由此所给他人的印象。标准得分小于等于 3 分的人在行为特征上表现为顺从、谦逊，比较容易接受他人的观点；标准得分大于等于 8 分的人在行为特征上表现为能够坚持自己的想法，有时希望别人接受自己的观点想法，争强好胜、积极活跃。

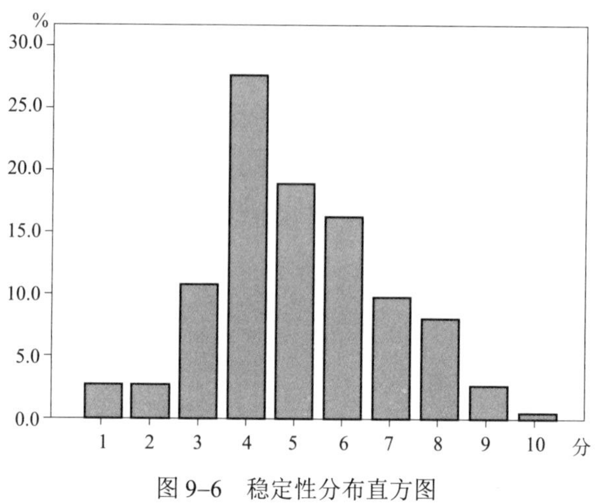

图 9–6　稳定性分布直方图

如图 9–7 所示，本次测试的轨道交通司机中，标准得分 1～3 分的人数占总人数的 3.24%；4～7 分的人数占总人数的 74.06%；8～10 分的为高分，占总人数的 22.70%。表明这组轨道交通司机中，绝大多数（96.76%）人员的恃强程度都在中等水平以上，且高分段较多（22.70%），表明轨道交通司机在此因素上的总体水平优良。

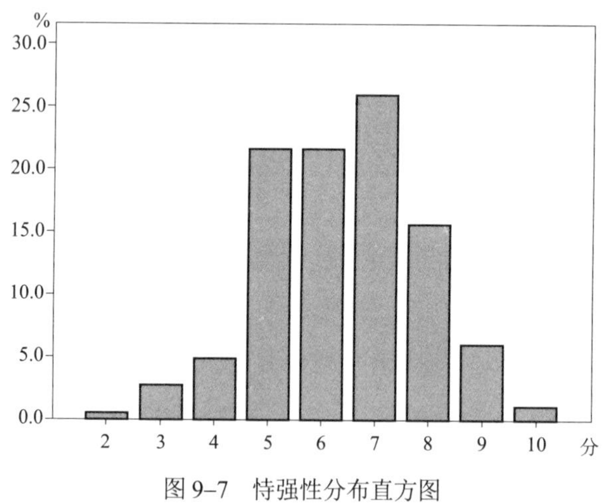

图 9–7　恃强性分布直方图

（五）兴奋性

兴奋性是测试个体做事心态轻松的倾向。标准得分小于或等于 3 分的人在行为特征上表现为处事谨慎，严肃，冷静，不喜欢表达自己；标准得分大于或等于8 分的人在行为特征上表现为喜欢表达自己，适应性强，能够较快融入新环境，随遇而安。

如图 9–8 所示，本次测试的轨道交通司机中，标准得分 1～3 分的人数占总人数的 3.24%；4～7 分的人数占总人数的 54.06%；8～10 分的为高分，占总人数的 42.70%。表明这组轨道交通司机中，只有一半多一点（54.05%）的人员兴奋程度在中等水平，且高分段较多（42.70%），表明大多数轨道交通司机适应性强，能够较快融入新环境。

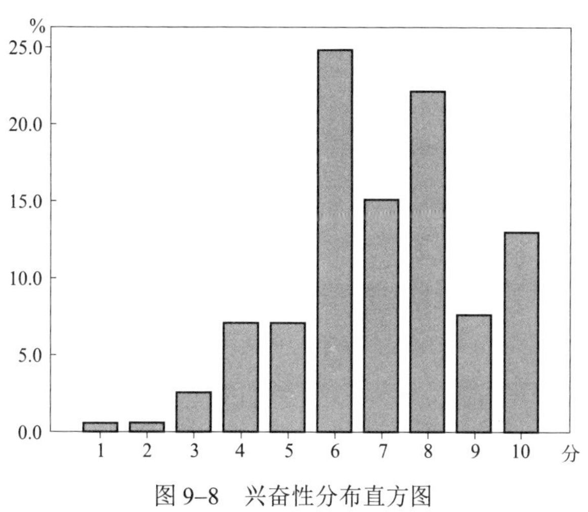

图 9–8　兴奋性分布直方图

（六）有恒性

有恒性是测试个体做事的态度、恒心及责任心。标准得分小于等于 3 分的人在行为特征上表现为苟且敷衍，缺乏奉公守法的精神；标准得分大于等于 8 分的人在行为特征上表现为做事有恒负责，尽职尽责。有恒性得分越高，行车安全性越高。

如图 9–9所示，本次测试的轨道交通司机中，标准得分 1～3 分的人数占总人数的 8.11%；4～7 分的人数占总人数的 85.94%；8～10 分的为高分，占总人数的 5.95%。表明这组轨道交通司机中，绝大多数人员集中在中间区域（85.94%），高分和低分段人数比例均较低，符合正态分布的规律，说明绝大部分轨道交通司机符合有恒性要求。

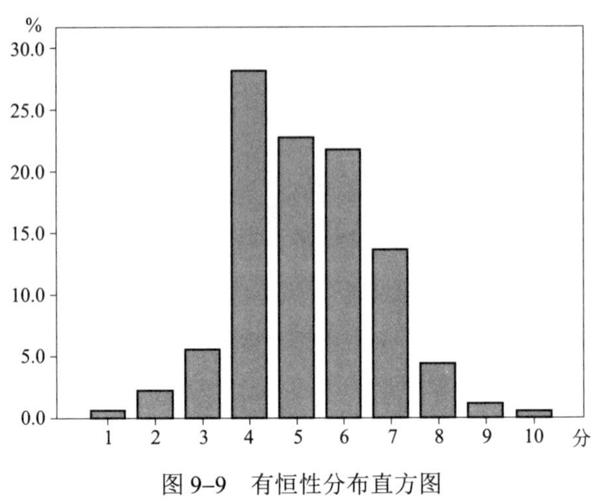

图 9–9　有恒性分布直方图

（七）敢为性

敢为性是测试个体在与人交际的情境中能够表现得轻松自如，敢于寻求新的关系，敢于主动和陌生人谈话。标准得分小于等于 3 分的人在行为特征上表现为拘谨，在人多的场合中略微紧张；标准得分大于等于 8 分的人在行为特征上表现为做事果断，敢于冒险，能够轻松地应对人多的场合，能够很快与周围的人打成一片。

如图 9–10 所示，本次测试的轨道交通司机中，标准得分 1～3 分的人数占总人数的 4.86%；4～7 分的人数占总人数的 56.76%；8～10 分的为高分，占总人数的 38.38%。表明这组轨道交通司机中，低分数段人数为 4.86%，绝大多数（95.14%）人员的敢为程度都在中等水平以上，且低分段较少（4.86%），表明轨道交通司机的群体特征是冒险敢为，做事情果断坚决，少有顾及。

（八）敏感性

敏感性是测试个体做事理智、客观的倾向性。标准得分小于等于 3 分的人在

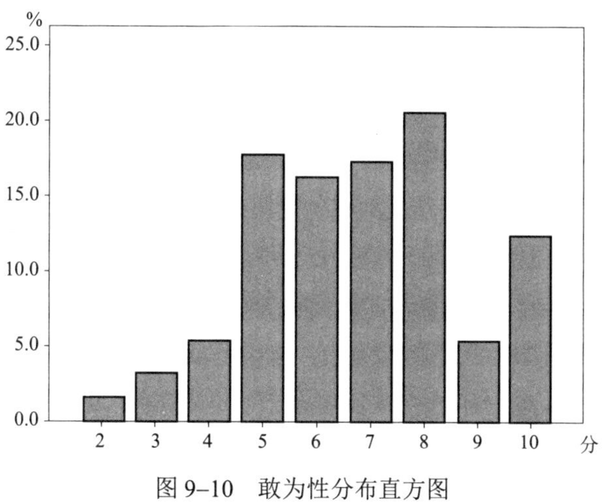

图 9–10 敢为性分布直方图

行为特征上表现为判断事情以客观事实为依据，理智，注重现实；标准得分大于等于 8 分的人在行为特征上表现为感情丰富，敏感，有时不够理性，主观性强，易于感情用事。敏感性得分越低，行车安全性越高。

如图 9–11所示，本次测试的轨道交通司机中，标准得分 1～3 分的人数占总人数的 23.78%；4～7 分的人数占总人数的 67.03%；8～10 分的为高分，占总人数的 9.19%。表明这组轨道交通司机中大多数人员（90.81%）的敏感程度处于正常水平，9.19%的轨道交通司机行车安全性较低。

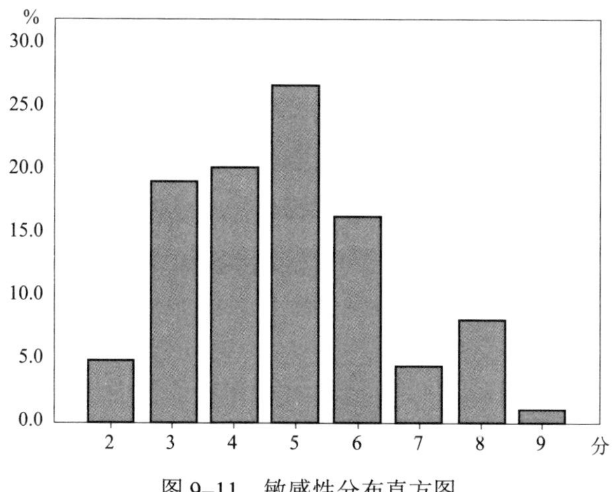

图 9–11 敏感性分布直方图

（九）怀疑性

怀疑性是测试个体对待他人信赖程度的心理倾向性。标准得分小于等于 3 分的人在行为特征上表现为为人随和，信赖他人，易与人相处，一般不会怀疑他人表面言行之后的动机；标准得分大于等于 8 分的人在行为特征上表现为对周围事物常保持警觉，不会轻易相信他人，通常喜欢探究他人表面言行举止背后的动机倾向。怀疑性得分越低，行车安全性越高。

如图 9–12所示，本次测试的轨道交通司机中，标准得分 1～3 分的人数占总人数的 20.00%；4～7 分的人数占总人数的 75.68%；8～10 分的为高分，占总人数的 4.32%。怀疑性指标高分者只有 8 人，中、低分特征的人数达到 95.68%，表明该组轨道交通司机在怀疑性上，总体水平十分优秀。只有 4.32%的人员行车安全性低。

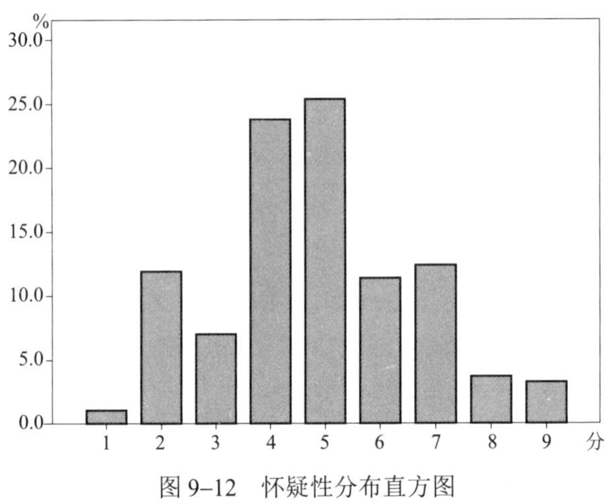

图 9–12　怀疑性分布直方图

（十）幻想性

幻想性是测试个体思想的现实性程度的心理倾向性。标准得分小于等于 3 分的人在行为特征上表现为善于观察事物事实和细节，比较注重现实，合乎成规，力求妥善合理；标准得分大于等于 8 分的人在行为特征上表现为比较喜欢幻想，有时不够实际，但也能从更广阔的思路去考虑问题。幻想性得分越低，行车安全性越高。

如图 9–13 所示，本次测试的轨道交通司机中，标准得分 1～3 分的人数占总人数的 9.73%；4～7 分的人数占总人数的 76.76%；8～10 分的为高分，占总人数的 13.51%。表明这组轨道交通司机绝大多数（86.49%）人员的幻想程度都在低、中分数段，具备了合格轨道交通司机现实倾向的基本要求，但鉴于仍有 13.51%的高分比例，可以采取相应的培训、课堂训练等方法，来降低轨道交通司机的幻想性水平，从而更好地提高行车安全性。

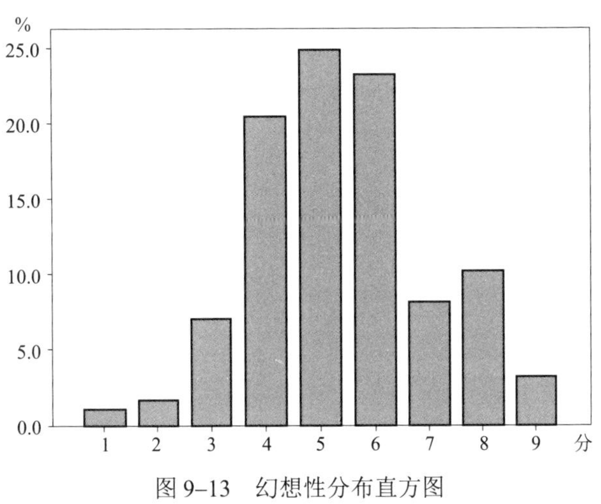

图 9–13　幻想性分布直方图

（十一）世故性

世故性是测试个体做事成熟、干练的倾向性。标准得分小于等于 3 分的人在行为特征上表现为坦白，直率，天真；标准得分大于等于 8 分的人在行为特征上表现为精明、干练，较为愿意在公开场合展现自我，处事成熟、得体。

如图 9–14 所示，本次测试的轨道交通司机中，标准得分 1～3 分的人数占总人数的 6.49%；4～7 分的人数占总人数的 85.40%；8～10 分的为高分，占总人数的 8.11%。表明这组轨道交通司机绝大多数（93.51%）人员的世故程度都在中等以上，具备了合格轨道交通司机世故倾向的基本要求。

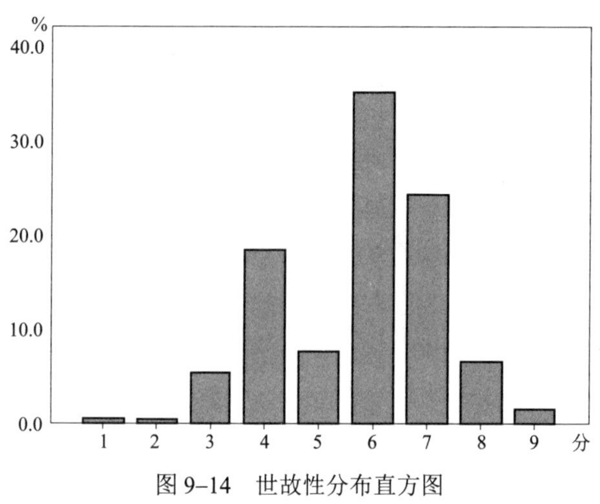

图 9–14　世故性分布直方图

（十二）忧虑性

忧虑性是测试个体对事情和困难客观分析的心理倾向性。标准得分小于等于 3 分的人在行为特征上表现为有自信心，沉着，对自己的优点和缺点有较现实的认识，能够客观分析失败原因，吸取教训；标准得分大于等于 8 分的人在行为特征上表现为有些忧郁，会庸人自扰，对所遇到的困难不能正确估计，常将其过分夸大。忧虑性得分越低，行车安全性越高。

如图 9–15 所示，本次测试的轨道交通司机中，标准得分 1～3 分的人数占总人数的 32.97%；4～7 分的人数占总人数的 59.46%；8～10 分的为高分，占总人数的 7.57%。这组轨道交通司机绝大多数（92.43%）人员的忧郁程度都在中、低分段，表明该组人员的总体水平很优秀，为了更好地提高行车安全水平，可以考虑从忧虑性比较高的司机入手，降低忧虑性高分比例。

（十三）实验性

实验性是测试个体对传统观念和行为的心理倾向性。标准得分小于等于 3 分的人在行为特征上表现为保守，尊重传统观念与行为标准；标准得分大于等于 8 分的人在行为特征上表现为自由，激进，不拘泥于现实。

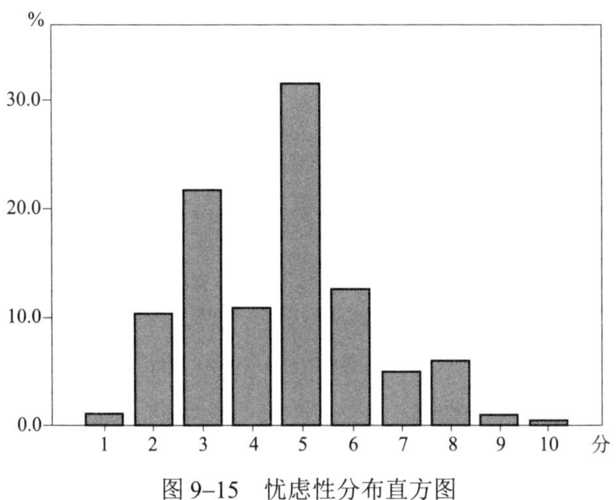

图 9–15　忧虑性分布直方图

如图 9–16 所示，本次测试的轨道交通司机中，标准得分 1～3 分的人数占总人数的 10.81%；4～7 分的人数占总人数的 85.41%；8～10 分的为高分，占总人数的 3.78%。表明该组多数（85.41%）人员在实验性方面的分数处于正常水平。

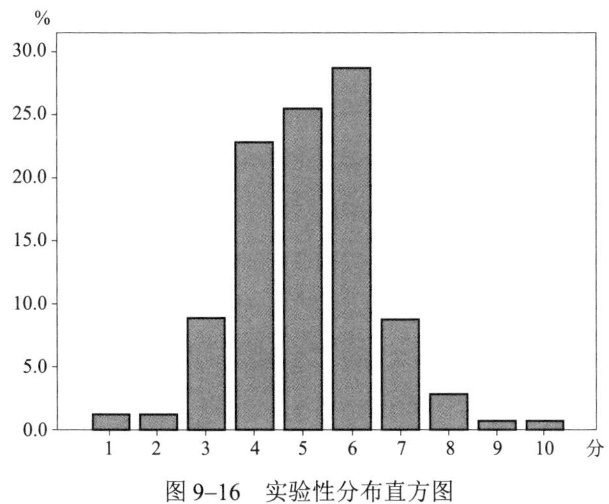

图 9–16　实验性分布直方图

（十四）独立性

独立性是测试个体在做事时依赖他人的程度。标准得分小于等于 3 分的人在行为特征上表现为依赖，随群附众；标准得分大于等于 8 分的人在行为特征上表现为自立自强，当机立断。

如图 9–17 所示，本次测试的轨道交通司机中，标准得分 1～3 分的人数占总人数的 18.38%；4～7 分的人数占总人数的 78.92%；8～10 分的为高分，占总人数的 2.70%。表明该组多数（78.92%）人员在独立性方面的分数处于正常水平，鉴于高分比例太少（2.70%），应在日后的工作中加以重视。

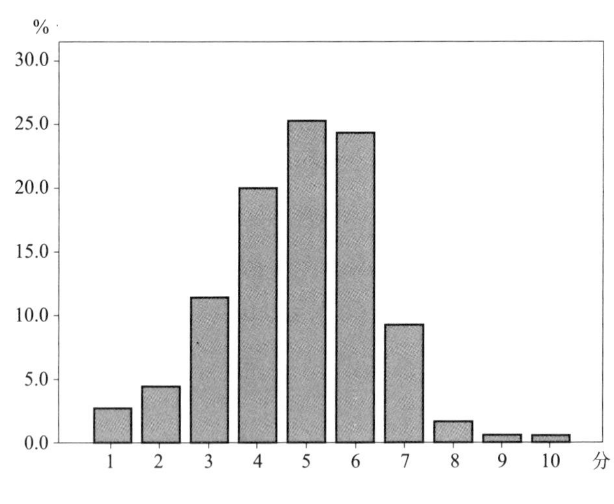

图 9–17　独立性分布直方图

（十五）自律性

自律性是测试个体在做事自律严谨方面的心理倾向性。标准得分小于等于 3 分的人在行为特征上表现为矛盾冲突，不顾大体；标准得分大于等于 8 分的人在行为特征上表现为知己知彼，自律严谨。自律性得分越高，行车安全性越高。

如图 9–18所示，本次测试的轨道交通司机中，标准得分 1～3 分的人数占总人数的 5.95%；4～7 分的人数占总人数的 84.86%；8～10 分的为高分，占总人数的 9.19%。表明这组轨道交通司机绝大多数（84.86%）的自律程度都在中等水平，符合轨道交通司机的基本要求。

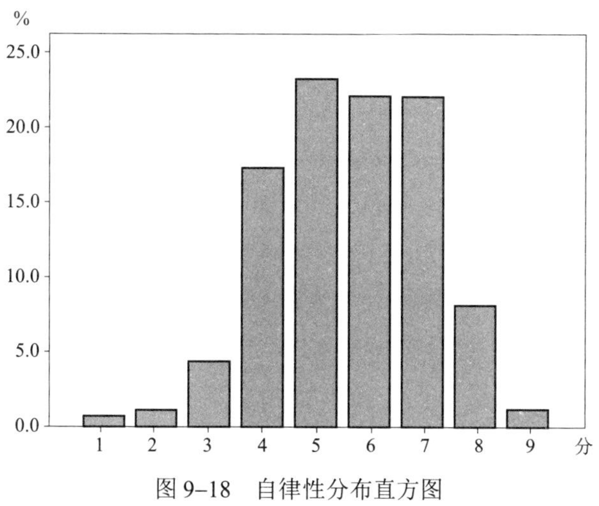

图 9–18　自律性分布直方图

（十六）紧张性

紧张性是测试个体日常工作的心态。标准得分小于等于 3 分的人在行为特征上表现为闲散宁静，遇事心态平和，不紧张，在与他人的交往中情绪稳定，有耐心；标准得分大于等于 8 分的人在行为特征上表现为紧张困扰，激动挣扎，有时难以控制自己的情绪，不够放松。紧张性得分越低，行车安全性越高。

如图 9–19 所示，本次测试的轨道交通司机中，标准得分 1～3 分的人数占总人数的 7.03%；4～7 分的人数占总人数的 78.92%；8～10 分的为高分，占总人数的 14.05%。表明这组轨道交通司机多数人员（78.92%）的紧张性都在中等水平，符合轨道交通司机的基本要求。但鉴于高分段的人数较多，建议采取相应的措施，来缓解轨道交通司机的紧张性，从而更好地提高行车安全性。

三、轨道交通司机个性特征模型构建

轨道交通司机职业人格特征模型的构建采取因子分析法。为了检验研究样本的测试资料是否有进行因子分析的必要性和可能性，研究首先取得全国轨道交通司机职业人格特征 16×16 阶相关矩阵，并对其进行 KMO 和 Bartlett 检验，得到 KMO=0.844，Bartlett 检验达到了显著性水平，表明在 16 个观测变量的相关矩阵

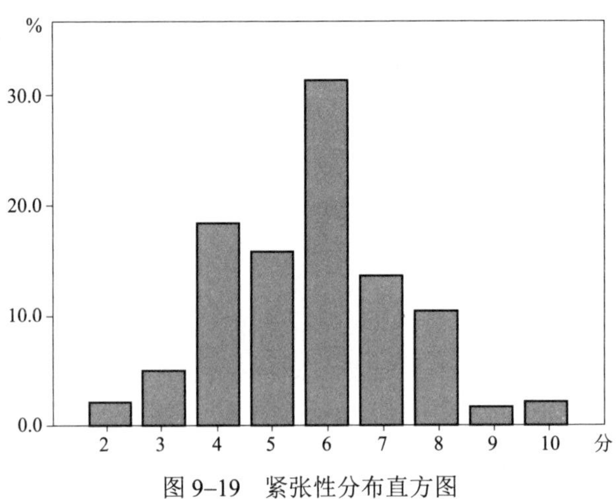

图 9–19 紧张性分布直方图

中有共同因子的存在，有必要抽取公共因子。

采用主成分分析法，以特征根≥1 为确定公共因子数目的基本依据。研究共获得 5 个公共因子（特征根分别为 3.814、1.927、1.107、1.040、1.002）。为使人格特质因素结构更明确，以便对公共因子加以合理命名，对 5 个特征根≥1 的公共因子进行了方差极大正交旋转，得到 16 个根源特质在 5 个公共因子上的载荷矩阵，如表 9–5 所示。

表 9–5 轨道交通司机职业个性特征五维因素表

维度		因素					重要性
		因子Ⅰ	因子Ⅱ	因子Ⅲ	因子Ⅳ	因子Ⅴ	
自控性	忧虑性 O	–0.720	–0.329	0.016	–0.025	0.048	1
	稳定性 C	0.717	0.231	–0.087	–0.028	–0.011	
	紧张性 Q4	–0.693	–0.203	–0.007	–0.091	0.099	
	怀疑性 L	–0.687	0.142	–0.058	0.224	0.054	
	有恒性 G	0.637	0.160	–0.050	0.175	0.140	
	自律性 Q3	0.591	–0.003	–0.109	0.183	0.139	
支配性	恃强性 E	0.055	0.802	–0.056	0.179	–0.018	3
	兴奋性 F	0.209	0.743	0.276	–0.122	–0.044	
	敢为性 H	0.363	0.717	0.091	–0.135	–0.061	

续表

维度		因　素					重要性
		因子Ⅰ	因子Ⅱ	因子Ⅲ	因子Ⅳ	因子Ⅴ	
反馈性	幻想性 M	0.046	0.134	0.667	0.100	−0.172	2
	敏感性 I	−0.292	−0.095	0.627	−0.041	0.118	
	乐群性 A	−0.013	0.345	0.517	−0.249	0.085	
自立性	独立性 Q2	−0.079	−0.161	−0.189	0.746	0.009	5
	实验性 Q1	0.214	0.122	0.147	0.526	0.003	
学习性	世故性 N	0.123	−0.012	0.195	0.109	−0.808	4
	聪慧性 B	0.231	−0.106	0.254	0.163	0.575	

（1）由最大正交因子旋转矩阵可以看出，忧虑性（O）、稳定性（C）、紧张性（Q4）、怀疑性（L）、有恒性（G）和自律性（Q3）在因子Ⅰ上有较高的负荷。其中忧虑性（O）、紧张性（Q4）、怀疑性（L）为负值，稳定性（C）、有恒性（G）和自律性（Q3）为正值，其人格特征表现为情绪稳定，面对现实及突发问题时冷静、心平气和，能以沉着的态度处理问题；对待工作尽职尽责，有恒，细心，严于律己。该类因子主要表征个人的情绪稳定性和责任意志特征，因此可以命名为“自控性”。

（2）恃强性（E）、兴奋性（F）和敢为性（H）在因子Ⅱ上有较高的负荷，且均为正值，其人格特征表现为好强，积极，喜欢驾驭；活泼开朗，轻松兴奋，敢作敢为，能承压。该类因子主要表征个人对外界控制的欲望及为实现目标而进行的内在努力，因此可命名为“支配性”。

（3）幻想性（M）、敏感性（I）和乐群性（A）在因子Ⅲ上具有较高的负荷，其人格特征表现为外向，乐群；理智，专注，以个人的动机和当时的兴趣等主观因素为行为的出发点。由此可见，该因子主要反映个人行为的现实应对程度，可以命名为“反馈性”。

（4）独立性（Q2）和实验性 （Q1）在因子Ⅳ上具有较高的负荷，且均为正值，其人格特征表现为自强自立，当机立断；自由，不拘泥于现实。由此可见，该类因子主要反映了个人独立看待外界事物的方式，因此可以命名为“自立性”。

（5）世故性（N）和聪慧性（B）在因子Ⅴ上具有较高的负荷，且世故性为负值，聪慧性为正值，其人格特征表现为聪明，富有才识，善于抽象思考，学习能力强；直率，行为得体。该类因子主要表征个人在社会生活中的学习能力和做事风格，因此可以命名为“学习性”。

同时通过各维度因子的累积贡献率，可以对五个维度的重要性进行排列。由此便可得出轨道交通司机的五维结构职业人格特征模型，如图 9–20 所示。

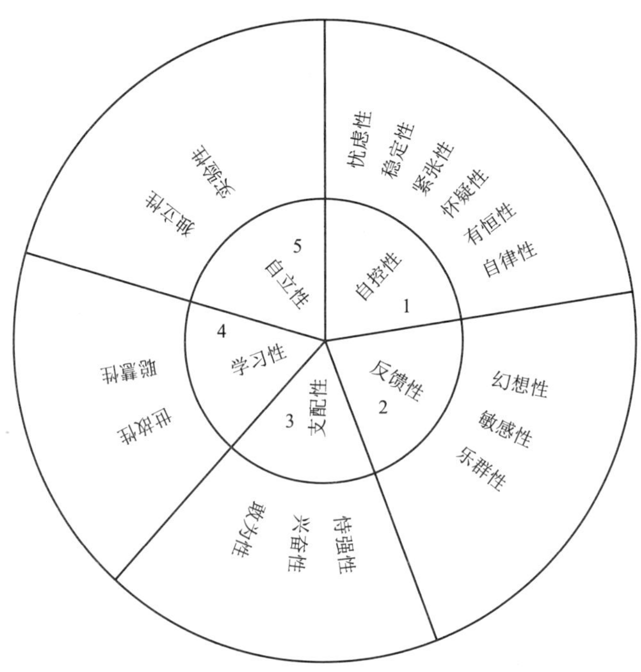

图 9–20 轨道交通司机职业个性特征五维模型

第三节 轨道交通司机安全性测评结果分析

专业能力测试指标中，有四项对安全行车公里数有显著影响，还有四项对安全行车公里数影响不大。注意力分配与转移得分高的组其安全公里数多，得分与安全行车公里数存在正相关关系；复杂反应得分高的组其安全公里数多，得分与安全行车公里数存在正相关关系；学习能力得分高的组其安全公里数多，得分与安全行车公里数存在正相关关系；瞬间记忆力得分高的组其安全公里数多，得分与安全行车公里数存在正相关关系。

同时，本书中测试的 185 名轨道交通司机总体来讲，性格趋于外向，随和且信赖他人，容易与周围同事相处融洽。沉着，自信，工作中遇到困难时能保持平和的心态，情绪稳定成熟，不紧张，能坚持自己的想法和观点。有事业心，有进取精神，敢于承担有风险的工作，能适应复杂多变的工作环境。有恒心和毅力，有强烈的责任感，符合轨道交通司机的要求。

在分析结果中可以看出，人格因素对轨道交通司机的行车安全会产生影响，并且不同的人格因素其影响方式和影响程度也各不相同。通过以上分析可以看出，有 15 种人格因素显著影响轨道交通司机的行车安全水平，如聪慧性（聪慧性得分越高，行车安全性越高）、稳定性（稳定性得分越高，行车安全性越高）、敢为性（敢为性得分越低，行车安全性越高）、有恒性（有恒性得分越高，行车安全性越高）、独立性（独立性得分越高，行车安全性越高）、紧张性（紧张性得分越低，行车安全性越高）等。还有一些因素在一定情况下会显著影响轨道交通司机的行车安全水平，例如当稳定性达到一定水平时，兴奋性得分越低，行车安全性越高。在对轨道交通司机进行安全性评价时，要先考虑影响显著的 15 种人格因素。由于某些因素在一定条件下会显著影响行车安全，所以在进行轨道交通司机的搭配时要考虑这些因素。

管理应用篇

本篇在理论研究和实证研究分析的基础上，结合轨道交通司机的工作环境和岗位特点，研究基于胜任素质的轨道交通司机安全管理体系，用于指导轨道交通司机的安全性管理。主要包括轨道交通司机的选拔测评管理、培训管理、在岗管理和退役管理在内的轨道交通司机职业生涯安全管理的全过程。同时，针对前面分析的轨道交通司机的个性特征等内容，提出了轨道交通司机组合搭配的管理建议，为从源头上保障行车安全提供了坚实的理论基础。

第十章

基于胜任素质的轨道交通司机安全管理体系研究

依据轨道交通司机胜任素质模型及其对安全绩效影响的相关研究结论，构建了轨道交通司机安全性评价体系，为轨道交通司机整个职业生涯的安全管理提供了科学的指导，将有利于提升轨道交通司机队伍素质和轨道交通部门人力资源管理工作的科学性。轨道交通司机安全管理体系包括选拔、上岗、在岗、调岗、退役等阶段的管理。依据安全性评价指标对轨道交通司机进行测评，作为选拔上岗的科学依据；并对在岗轨道交通司机的胜任素质监护和管理，及时发现轨道交通司机胜任素质水平的波动和下滑，对其进行培训或心理疏导。对于不能胜任轨道交通司机岗位的司机，对其进行转岗或让其退役，保证行车安全。基于胜任素质的轨道交通司机安全管理设想如图 10–1 所示。

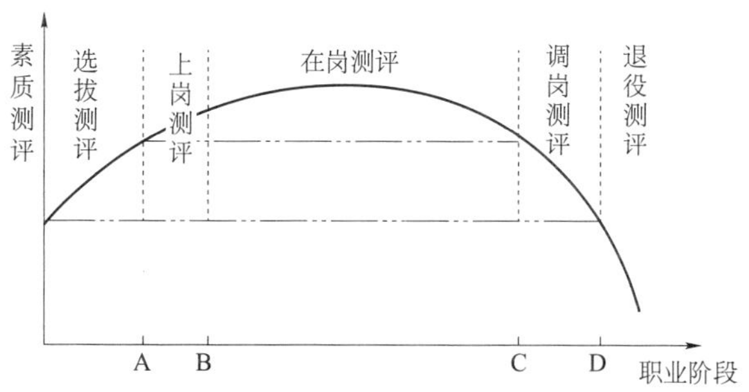

图 10–1　基于胜任素质的轨道交通司机安全管理设想

第一节　轨道交通司机选拔测评管理

一、确定科学合理的选拔标准

轨道交通司机各项胜任素质在保障行车安全过程中起着至关重要的作用，在高速度、快节奏、大负荷、强压力的环境下，轨道交通司机的胜任素质水平在很大程度上决定了行车安全，因此，“像飞行员一样选拔高速动车组司机”成为新时期确保高速铁路安全运行亟待解决的重大课题。研究结论表明，轨道交通司机的胜任素质对安全绩效具有很好的预测作用，依据胜任素质模型，设定轨道交通司机选拔指标体系，严格落实考核条件，从轨道交通司机的入门开始就对其素质设定较高的要求和标准，选拔合适的人员进入轨道交通司机工作岗位，确保轨道交通司机队伍的整体素质水平。轨道交通司机胜任素质包括个性特征、基础素质、专业知识、专业能力等维度，在选拔测评过程中，要改变以往只注重业务能力、以满足现有任务需求为目的的考核方式，做到对各项素质的全面考核，实现人-职匹配。

二、建立专业化的考官队伍

轨道交通司机各项安全性评价指标中，既有显性的、容易考察的各项知识、能力指标，又有隐性的、不容易考察的个性特征等指标。对于显性素质，可以通过客观手段来考察，比如通过体检来评价轨道交通司机的身体健康水平，通过专业知识考试来评价轨道交通司机的规章制度掌握情况和车辆基础知识。但对于一些胜任素质，则需要通过面试、情景模拟等方法来进行测评，如应变能力、执行能力等，这就不可避免地需要考官的判断和评价。因此，需要建立专业化的考官队伍，准确把握每一个环节的评判，避免出现许多主观评价偏差，如首因效应、近因效应、晕轮效应等，作为考官，必须能够意识到这些主观偏差，真正地根据应试司机所反馈的信息对其做出客观公正的评判。同时，考官应熟练掌握各种考核技巧，有效驾驭考核局面，才能在考核过程中获取充分的、真实的信息，保证考核顺利进行。

尤其在面试过程中，面试考官是面试能否成功的关键，面试考官的素质是决定面试质量的核心因素。因此，面试考官的甄选与培训及队伍的建设是面试最重要的工作之一。一方面，要建立内部考官队伍，使考官固定化，在面试考官中，我们建议增加有轨道列车驾驶经验的优秀司机，如车队长或指导司机，他们身处轨道交通司机工作的一线，更能把握好的司机应具备的素质。另一方面，要加强考官的培训，即要定期对考官进行培训，主要从思想和方法两个层面展开：① 对面试考官的思想培训，主要是要求面试考官必须全面、透彻地了解轨道交通司机的实际工作，选拔轨道交通司机最重要的是要保证行车安全，这就需要考官将安全与面试紧密联系，充分认识到安全意识、责任意识在整个面试过程中的主导作用，同时，还要认识到人的素质的个性化与差异化，认识到对应试司机进行正确评价的意义；② 对面试考官技术层面的培训，这是考官培训的核心内容，这一培训可以分为两个层次，一是提问、追问、记录技巧，面试观察及评分等通用内容的培训，二是针对性培训，即轨道交通司机岗位的胜任条件、面试维度定义、维度的评价标准等。

三、重视轨道交通司机个性特征测评

随着高速铁路列车运行环境的变化及时速的提高，对轨道交通司机的个性特征提出了更高的要求，为保证行车安全，要求他们具有强烈的责任意识和稳定的情绪状态。良好的个性特征能够促进轨道交通司机其他各项素质更好地发挥作用。实践证明，在危险、紧张的工作环境中，良好的个性特征能够激发斗志、振奋精神、增强信心、临危不惧，并能更快、更正确地处理险情，确保轨道交通列车运行安全。轨道交通列车在运行中不可避免地发生一些非正常情况，均要求在短时间内进行处置，从而导致轨道交通司机紧张心理的产生和加剧。轨道交通列车新知识、新技术、新规章不断增加，轨道交通司机学习掌握难度大，运行交路紧，工作压力较大，生活不规律，心理和身体长时间处于高度紧张状况下，容易对情绪产生影响。因此，在选拔轨道交通司机的过程中，要重视对个性特征的考核。

四、实现选拔测评的网络化和可视化

为了提高轨道交通司机选拔、管理工作效率，加强对轨道交通司机的安全管理工作，建议建立轨道交通司机电子档案，并且建立轨道交通司机选拔管理系统，将轨道交通司机选拔的报名系统、测试系统和日常管理系统相关联，实现轨道交通司机选拔管理的信息化、可视化和网络化。

通过建立轨道交通司机选拔测评系统，可以优化轨道交通司机选拔测试流程，提高工作效率。

（1）报名系统：在轨道交通司机选拔测试前，首先登录轨道交通司机选拔管理系统，查询报名人员的基本信息，考察是否符合轨道交通司机选拔测试的基本条件，即完成对报名人员的资格审查。

（2）测试系统：对于符合条件的参选人员，组织其参加轨道交通司机选拔测试。对于理论知识和一些能力测试，开发相应测评软件，直接生成测评结果录入轨道交通司机数据库；对于一些人工评判结果，手工录入数据库。通过对测评数据的计算分析，给出选拔测评结果。

（3）日常管理系统：记录轨道交通司机日常表现、奖惩及跟踪分析情况。根据系统记录，每年将轨道交通司机电子档案导出打印，形成轨道交通司机队伍素质年度报告，用于指导管理工作。

第二节　轨道交通司机的培训管理

一、培训需求分析

轨道交通司机的培训应包括以下几个过程，如图 10–2 所示。

轨道交通司机胜任素质包括 4 个维度、15 项指标，通过轨道交通司机各项素质指标测评结果与实际素质要求的对比分析，确定轨道交通司机的培训需求。从图 10–3 可以看出，被试轨道交通司机在责任意识、应变能力、逻辑判断能力、身

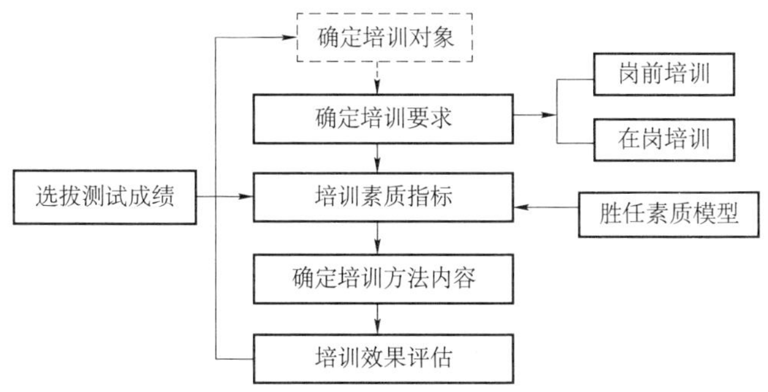

图 10–2　轨道交通司机培训流程

体健康、注意力分配能力、复杂反应能力、作业稳定性、视野深度与广度、车辆基础知识、掌握规章制度方面达到素质要求。而在情绪稳定、语言表达能力、执行能力、学习能力、瞬时记忆能力方面没有达到素质要求，需要从这些方面组织培训工作。在确定培训需求的时候，还要依据各项胜任素质的可塑性进行合理安排。对于可塑性高、重要性高即对于保证行车安全最为重要而又比较容易通过后天培养提高的胜任素质，应该开展集中、强度较高、质量高的培训，并辅之以其他培养手段，让轨道交通司机快速成长，如轨道交通司机的规章制度掌握情况。有些素质则需要通过不断培训和工作经验的积累而逐渐得到改变，如学习能力、反应能力等。

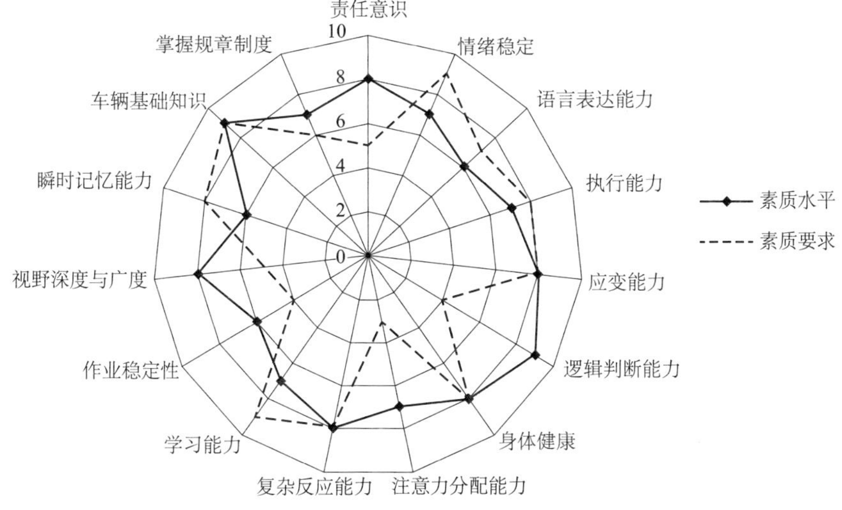

图 10–3　轨道交通司机培训需求分析

二、培训方式及内容设计

随着轨道交通司机技术及行车设备的不断更新，以及新的规章、行车规定的不断更新，轨道交通司机的培训工作应该始终贯穿轨道交通司机工作过程。

首先，轨道交通司机长期在特定环境下工作容易形成“禁闭性反应”，表现为：一方面比一般人更容易压抑和郁闷，脾气大、性子急，说话和做事“心急火燎”；另一方面是对外界事物失去了兴趣，情绪低落、缺乏激情[①]。因此我们建议对他们提供心理辅导，如可以通过团队训练等形式。同时建议成立一个心理咨询室，对司机平时面临的心理方面的问题提供咨询辅导，因为心理健康有时候比生理健康更为重要。

其次，定期组织案例培训，按不同系统组织人员，收集和整理发生在轨道交通行业的各类故障、检修责任故障、突发事件的应急处理和操作责任案例，以提高职工故障诊断和处理问题的能力，强化责任意识。同时，把标准化作业过程和故障处理问题的最佳方案制作成视频，以规范轨道交通司机日常作业行为。如组织最优秀的轨道交通司机，将标准化作业过程拍摄，制作成视频培训教材，用于新职轨道交通司机培训和规范在岗轨道交通司机作业行为。

再次，充分发挥多媒体教学功能和计算机网络优势，建设轨道交通司机教育培训管理信息系统，推行轨道交通司机在线学习、在线考试、网络视频远程培训和模拟仿真系统实训，增强培训的针对性和有效性。借助强大的计算机网络技术优势，将轨道交通司机的每一次学习、练习和考核都作为一个训练记录保存在系统数据库中，能够实现模拟操作信息的回放、监控功能，从而实现对实作培训的次数、时间及效果的统计、检查，通过实时监控，实现实作培训情况的分析点评。生成电子培训档案，记录轨道交通司机参加各类教育培训的情况及考试成绩和合格证书的取得。

最后，培训效果的评估与反馈也是很重要的过程。所有培训项目均实行培训项目负责制，指定专人负责，签订培训协议，明确培训目标、培训质量、培训费

① 徐志修. 城市轨道交通安全保障系统设计［D］. 西安：长安大学，2006：1–5.

用等双方的权利和义务，确保培训质量。注重对培训效果的评估，实行培训质量追究问责制，对职工业务技能不达标、不懂安全知识引发的安全问题，对培训单位或个人进行责任追究和连带考核。

总之，要通过科学、直观、灵活的培训方法和先进的培训手段及全流程的培训信息管理，实现学习内容精确化、培训实施远程化、过程控制精细化，增强培训的实效性，提高培训管理水平。

第三节　轨道交通司机的在岗管理

一、加强储备轨道交通司机的素质保障

储备的轨道交通司机，由于较长时间不能到实际线路工作，造成本身在培训中心学习的有限轨道交通列车知识也逐渐减弱，同时由于各个交路都存在人员紧张的情况，储备司机没有精力和能力去学习。因此，要加强储备轨道交通司机的素质保障，如规定储备司机定期到轨道交通列车上实习和参加日常学习考试、参加模拟培训、观看模拟视频等。

二、加强对轨道交通司机的出退乘管理

在日常生活和工作中，轨道交通司机的情绪和心理容易受到环境的影响，进而会影响到驾驶工作和行车安全，当轨道交通司机出乘前受到环境干扰时，其可能采取肯定的态度，也可能采取否定的态度。若采取肯定态度，就会产生满意、愉快等心理特征，此时，工作劲头十足，差错少；如果采取否定态度，就会产生不满、反感等心理特征，此时，责任心差，容易产生差错，危害行车安全。因此，在出乘前对司机进行安全监护与管理，能够及时发现存在的问题，对于保证行车安全至关重要。同时，在退乘后对司机进行素质监护和测评，能够及时发现司机素质的下滑程度及疲劳程度，对于存在严重问题的司机进行及时疏导，不仅能够保证司机的素质水平，而且能够为交路的合理安排提供建议。

三、定期对轨道交通司机进行胜任素质跟踪测评

一方面，由于人的心理具有多变性、复杂性和随意性的特点，对轨道交通司机的胜任素质进行定期跟踪测评，采取一定的管理措施，进行安全监护和管理，让其严格地按规范、规定、制度来操作，对于减少事故的发生也具有较强的预防和控制作用。另一方面，各项素质具有可塑性，通过对轨道交通司机胜任素质进行跟踪测评，进而对其进行素质监护与管理，在工作过程中，发现状态不佳的轨道交通司机，就可通过疏导来改善其情绪状态，确保运行安全。同时，建立轨道交通司机胜任素质数据库，将每次测试的成绩与选拔标准进行比较，并与数据库里本人全部测试的平均成绩进行比较，以监测轨道交通司机胜任素质水平的变化。对胜任素质测试平均成绩较低或成绩波动较大的司机予以关注，对其素质水平和实际工作表现进行评估，确保轨道交通司机的素质水平满足岗位需要。

第四节　轨道交通司机的退役管理

轨道交通司机的胜任素质随着轨道交通司机的工作环境、年龄及身体状况的变化，会出现不同程度的变化。所以要定期对轨道交通司机进行胜任素质指标的跟踪分析，对在岗轨道交通司机进行鉴定，鉴定不合格者对其进行调岗或淘汰，形成逐级淘汰、逐级竞争上岗的良性发展机制。对于不能胜任的轨道交通司机，有计划、有步骤地引导退出。对于淘汰退出人员，定期对其进行素质测评，对于能够胜任次级列车驾驶岗位的，经培训后可以安排到次级驾驶岗位工作。对于确实不能满足轨道交通司机岗位需求的人员，可以适当安排到地勤、整备及其他力所能及的岗位上岗，形成能进能出、合理流动的良性出口机制。

通过上述分析可以得知，基于胜任素质的轨道交通司机安全管理体系能够涵盖轨道交通司机的整个职业生涯，是一个科学、规范的系统，如图 10–4 所示。

从轨道交通司机入职的那天起，建立完备的轨道交通司机胜任素质测评记录档案，实施基于胜任素质的轨道交通司机选拔、培训、在岗和退役管理，对于提

高轨道交通司机队伍素质水平和保障行车安全具有重要作用。同时，要根据轨道交通司机工作环境的变化，不断对轨道交通司机的管理体系进行调整，以适应实际管理工作需要。

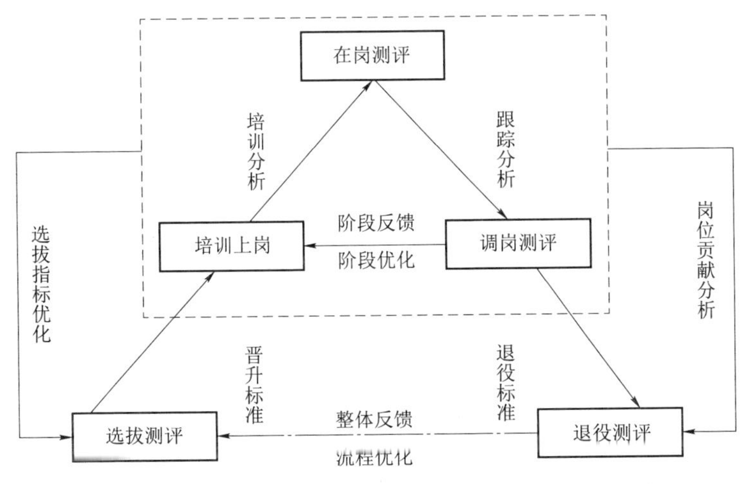

图 10-4 基于胜任素质的轨道交通司机安全管理体系

第五节 轨道交通司机组合搭配管理

如前面所述，通过对轨道交通司机的安全性评价，可以对轨道交通司机的整个职业生涯阶段——选拔、培训、日常管理和退役进行相应的安全监护和管理，即在不同的职业生涯阶段对轨道交通司机的素质进行评价，找出其出现下滑的职业素质指标，对其进行安全培训或心理疏导，对于其素质不能胜任轨道交通司机岗位的司机，进行转岗或让其退役，保证行车安全。

当外界事物作用于人时，人对事物都具有一定的态度。不同的性格特征对待外界刺激会产生不同的反应，人在情绪高涨时，效率可平均提高 8%，人在情绪低落或生气时，发生事故的概率为 60%以上[①]。因此，要针对不同性格特征的轨道

① 王根平. 浅谈安全生产与人的生理、心理因素［J］. 内蒙古电大学刊，2005（8）：53-54.

交通司机采取不同的管理方法，并在行车过程中对其进行合理搭配，如避免忧虑型与紧张型司机搭配，防止出现行车事故。

从前面各项指标的情况可以看出，有一部分司机在某些指标上表现不好但是在另一些指标上却表现出色。为了更好地保证行车安全，提高行车的质量，我们建议对司机进行适当搭配，来达到优势互补，消除劣势。一个反应很快但容易出错的司机配上一个反应稍慢但准确率高的司机将提高他们的整体行车安全水平。可以说，轨道交通司机的恰当搭配可以充分利用现有资源，在不增加新司机，不增加成本的情况下提高行车安全系数。司机搭配主要遵循以下几个原则。

1. 充分考虑行车安全

充分考虑行车安全是对轨道交通司机进行搭配的总原则。轨道交通司机搭配的最终目的就是有效提高行车安全性，这是分析数据的出发点和落脚点，也是对司机进行搭配时要牢记于心的一点。

2. 优势互补，避免劣劣相配

在进行轨道交通司机搭配时要实行优势互补，使得正副司机这个小系统的安全系数远远高于正副司机各自的安全系数，从而提高行车安全性。比如说，某正司机在稳定性测试及复杂反应测试中表现为反应慢但准确性高，这时应该给其配一个反应快但准确性方面稍微欠缺的副司机。这样两者互相取长补短就能够使得准确性及反应速度都有所提高，某个学习能力较强的司机则可以配一个学习能力较弱的司机，这样可以有所弥补。

在进行司机搭配时要避免劣劣相配，这是指不要把有相同不足之处的司机搭配在一起。比如说，不要把两个反应都慢的司机组合在一起，也不要把两个错误率都高的司机组合在一起。当然在考虑各单项测试项目上的互相匹配以外，还要考虑整体表现的相互间搭配。可以考虑给综合评价为优的正司机配上一个表现为良或差的副司机，实行一帮一的提高。

3. 可行性

可行性原则是指进行轨道交通司机搭配时要考虑到该种搭配的可行性，即实际操作的可能性、简便性，经济上的可行性。为了使得搭配简便可行，建议先重点关注表现不合格人员的搭配，即在搭配轨道交通司机时优先考虑指标不合格数多的司机，然后再考虑不合格数少的司机，最后考虑全部合格的司机。毕竟不合格的司机人数比较少，且对他们进行重点关注也能在同等条件下更有效地提高行车安全性。总之，为了遵循可行性原则，在实际工作中要有的放矢，有重点，遵循成本–收益的规律，达到经济上的可行性。

4. 个性相符

在进行轨道交通司机搭配时还有必要考虑正副司机间的个性是否相符。作为测试项目之一的 16PF 人格测试就能对司机的人格特征进行测试，在进行司机搭配时考虑个性特征将有助于提高行车安全性。在进行正副司机的搭配时，要避免某些组合的司机搭配，比如让两个稳定性都低或心理健康水平都不佳的司机在一起，又或者让两个自律性都差的司机在一起。轨道交通司机搭配时，可以考虑让一个敢为性低的司机与一个敢为性高的司机互相搭配或让一个实验性高的司机与一个实验性低的司机互相搭配。

第十一章

案例分析

本章主要运用上述基于胜任素质的轨道交通司机安全性评价体系的成果，进行具体的实际案例研究，通过笔者在项目研究中的一些具体做法，更好地展现基于胜任素质的轨道交通司机安全性评价与管理体系的应用价值。

第一节　W 局轨道交通司机安全性评价与管理研究

一、研究背景和内容

（一）研究背景

W 局某机务段工作生活条件艰苦，基础设施（如学校、医院、娱乐场所）不够完善，许多职工夫妻两地分居，给工作和生活带来了极大不便，由此给轨道交通司机管理工作带来了许多困难，如乘务员心理压力过大，家庭负担重，轨道交通司机超劳频繁，调休难度大等。针对这种现状，机务段的领导决定采用项目组的研究成果对该段所有轨道交通司机进行一次全面的生理、心理及职业适宜性的安全性评价，通过分析轨道交通司机的测评结果，提出提高安全管理的措施，以降低事故率，这也是项目研究成果首次在基层站段的应用。

（二）研究内容和方法

在前期理论研究的基础上，结合该段轨道交通司机的岗位特点及行车环境状况，建立了一套适合轨道交通司机行车安全需要的胜任素质（生理、心理、能力素质）选拔、评价指标体系，来考察和选拔作业人员，把那些生理、心理素质不适合担当轨道交通司机工作的人，也就是具有较高引发行车事故概率的人从运行岗位剔除，由一些适合该职务的人员担任，本项研究对确保轨道交通运行安全是非常重要的。本次研究对该段轨道交通司机的心理、生理及职业综合素质进行全面测试，测试分为全面素质测试和疲劳测试两个阶段。根据该站段的要求，同时经过征询项目组专家成员的意见，项目组成员进行了全面、细致的分析与讨论，确定了本研究的测试项目与测试指标。全面测试由三大部分共十二个子项构成，疲劳测试阶段在全面素质测试完成之后进行，所做测试分为出乘前、出乘后两次进行，要求被测试人员在出乘前 15 分钟及出乘后 10 分钟之内进行测试。测试项目分为闪光融合频率、心率、血压、握力、注意力分配转移、复杂反应能力和疲劳自评问卷，整个过程依次进行，大约需要 10 分钟时间。测试项目明细如表 11–1 所示。

表 11–1　测试项目明细

心理指标	16PF 个性特征测试
	安全态度、安全意识测试
生理指标	闪光融合频率
	心率、血压
	握力
能力素质指标	复杂反应能力
	学习能力
	瞬时记忆能力
	注意力分配能力
	作业稳定性
	手眼协调

通过分析各项测试指标的整体状况及组间比较分析，对比轨道交通司机常模，得出了该段司机管理的应用建议，为从源头上保证行车安全提供了参考依据。

二、研究结论

（一）轨道交通司机的搭配原则

从研究结果可以看出，有一部分轨道交通司机在某些指标上表现不好但是在另一些指标上却表现出色。为了更好地保证行车安全，提高行车的质量，建议对司机进行适当搭配，来达到优势互补，消除劣势。一个反应很快但容易出错的司机配上一个反应稍慢但准确率高的司机将提高他们的整体行车安全水平。可以说，司机的恰当搭配可以充分利用现有资源，在不增加新司机及成本的情况下提高行车安全系数。司机搭配主要遵循以下几个原则。

（1）充分考虑行车安全。这是对司机进行搭配的总原则。司机搭配的最终目的就是有效提高行车安全性，这是数据分析的出发点和落脚点，也是对司机进行搭配时要牢记于心的一点。

（2）优势互补，避免劣劣相配。优势互补可以使正副司机这个小系统的安全系数远远高于正副司机各自的安全系数，从而提高行车安全性。避免劣劣相配，是指不要把有相同不足之处的司机搭配在一起，比如说，不要把两个反应都慢的司机组合在一起，也不要把两个错误率都高的司机组合在一起。

（3）个性相符。在进行司机搭配时还有必要考虑正副司机间的个性是否相符，司机搭配时可以考虑让一个敢为性低的司机与一个敢为性高的司机互相搭配，也可以让一个实验性高的司机与一个实验性低的司机互相搭配。

（二）司机的选拔、淘汰管理

（1）选拔。在选拔司机的过程中我们可以先对候选人进行各项指标的测试，测试项目包括瞬时记忆力、学习能力、注意力分配与转移、复杂反应、稳定性测试及 16PF 人格测试。测试结果出来后先将单项结果（除 16PF 以外）对照司机常模看该候选人的得分情况。如果该候选人在每个测试项目上都没有合格，则可以直接淘汰该司机，因为我们的研究表明这些指标与司机的表现之间存在较大的相关性。如果候选人在各个指标上表现都不佳的话，则此人成为差司机的可能性将比一般司机高很多。如果该候选人在一些指标上优于司机常模，一些指标上比司机常模差，则不能马上下结论，而需要进一步考虑。

（2）淘汰。司机淘汰的原理其实与选拔司机一样，淘汰司机主要是对现任司机进行测试，测试项目与选拔司机一样。同样把测试结果代入判别公式，如果差组的值最大，则该司机很有可能是表现差的司机。但是在使用公式时还需要结合实际情况，比如结合该司机历来的表现，违章违纪和重大考核情况等来做出判断。

（三）司机的培训方案

针对司机存在的问题，我们可以通过三方面的培训来改善其各方面状况。

（1）个性特征方面。建议对司机提供心理辅导，如可以通过团队训练等形式。同时建议成立一个心理咨询室，对司机平时面临的心理方面的问题提供咨询辅导，因为心理健康有时候比生理健康更为重要。

（2）能力素质方面。我们会提供专项培训，如针对注意力分配与转移提供专项培训；平稳性方面，我们会对错误率高或平均完成量低的司机提供有针对性的培训。

（3）生理素质方面。我们建议避免司机的疲劳驾驶，通过体能训练等来保持和提高司机的身体状况。

第二节 X局复转军人从事轨道交通司机安全性测评

一、研究背景和内容

项目组将研究成果应用到 X 局铁路机车乘务员的招收工作中。《机车乘务员管理办法》明确规定，机车乘务员的招收和体检严格执行招生制度，从进入机车乘务员队伍的初始阶段严把人员素质关。机车乘务员的招收，原则上从中专（技校）及以上毕业生中录用，必须年满 18 周岁，并对从复员转业军人（简称复转军人）中补充做机车乘务员的人员进行严格的文化课程考核。在考核机车乘务员的基本业务素质的同时，更需要通过科学的方法对机车乘务员进行职业适宜性测试。

X 局不断改进与完善机车乘务员选拔管理方法，利用项目组研究成果，每年对所分配到的复转军人都要进行安全性测试并组织岗前培训，从复转军人中选拔优秀的适合机车乘务员驾驶工作的人员加入到机车乘务员队伍中，这是项目组首次将研究成果在铁路局展开全面应用。

项目组通过大量的调查和数据分析，根据机车乘务员的岗位特点，来确定机车乘务员胜任工作应具备的心理素质，形成一套完整的机车乘务员安全性测评指标体系。同时，开发 X 局机车乘务员职业素质测评系统，用于复转军人的安全性测评研究，考察哪些人员适合机车乘务员工作，可以把具有较高引发未来事故概率的人调到其他岗位，由一些适合该职务的人员担任机车乘务员，确保铁路运行的安全性及可靠性。

项目组在 X 局职工培训基地对分配到该局的全部复转军人进行了安全性职业素质测试。测试工作由劳卫处、职教处组织，北京交通大学轨道交通行车关键岗位人员职业适宜性研究中心具体负责测试的组织及数据分析工作。项目组对所有复转军人的逻辑推理能力、视野广度、反应能力、工作效率、注意力集中与转移能力及个性特征进行了全面的测试分析。其中单项成绩打分如表 11–2 所示。

表 11–2　X 局复转军人选拔测试单项成绩表

测试项目 / 得分	逻辑推理测试	视野广度测试	复杂反应测试	工作效率测试	注意力测试	人格特征测试
10 分（优秀）	21 人	20 人	33 人	73 人	27 人	34 人
9 分（良好）	44 人	55 人	38 人	65 人	27 人	37 人
8 分（良好）	55 人	59 人	42 人	17 人	56 人	68 人
7 分（中等）	24 人	31 人	26 人	12 人	29 人	69 人
6 分（合格）	49 人	10 人	24 人	16 人	28 人	58 人
1～5 分（不合格）	84 人	102 人	114 人	94 人	110 人	11 人
淘汰率	30.1%	36.8%	41.2%	33.9%	39.7%	0.4%

通过对 277 名复转军人各项测试成绩的分析，有 98 名复转军人测试成绩不合格，占全体人数的 35.4%，结合路局劳卫处、运输处、职工教育处的面试和理论考试成绩，有效地淘汰了不适合担任机车乘务员工作的复转军人，保证了机车乘务员队伍的稳定性和安全性。通过对 X 局关键岗位人员的研究分析，得到了该局行车关键岗位人员胜任素质模型，并通过胜任素质模型构建和开发出关键岗位人员安全性测试系统，对关键岗位人员进行安全性测评及对从事铁路机车乘务员工作的复转军人进行选拔测试，为关键岗位人员的安全管理工作提供了科学依据。

X 局对复转军人进行安全性测试是将胜任素质测评应用于关键岗位人员选拔工作，严把关键岗位人员入口关，选拔适合机车驾驶工作的复转军人进入关键岗位人员队伍，将具有较高引发未来事故概率的人员淘汰。

通过上述测试工作，可以明确关键岗位人员队伍的状况，以及每一名关键岗位人员的自身状况，从而为关键岗位人员队伍的培训和管理工作提供依据。依据铁路机车乘务员职业心理素质胜任素质模型和评价标准，277 名复转军人的测试成绩分布为：24 人成绩优秀，71 人成绩良好，84 人成绩合格，98 人成绩不合格。这有效淘汰了不适合做铁路司机的复转军人，加强了机车乘务员安全管理工作，有效地保障了铁路行车安全。

二、安全管理建议

X 局关键岗位人员安全性定期测试在对关键岗位人员进行常规生理素质测试的基础上，增加全面的胜任素质测试的内容，对关键岗位人员进行全面评价。通过对关键岗位人员的定期胜任素质测试，掌握关键岗位人员的胜任素质状况，确定关键岗位人员胜任素质淘汰标准，对不符合标准的关键岗位人员进行淘汰，以保证在岗关键岗位人员队伍的整体素质。将关键岗位人员胜任素质定期测试的结果录入电子档案，做好关键岗位人员胜任素质状况的跟踪工作。

为了更好地保证行车安全，提高行车的质量，我们建议对机车乘务员和调度人员进行适当搭配，来达到优势互补，消除劣势。机车乘务员和调度人员的恰当搭配可以充分利用现有资源，在不增加新员工及成本的情况下提高行车安全系数。

由于机车乘务员工作的环境是相当特殊的，相比其他类似工作更容易面临工作压力和倦怠情绪，而且，机车乘务员的每一个动作关乎的是上千人的生命，所以我们应该通过多种方式对其进行合理有效的安全管理培训。针对机车乘务员存在的问题，我们可以通过胜任素质方面的培训来改善其各方面状况。

对于胜任素质方面，我们会提供专项培训，如针对注意力分配与转移、复杂反应等提供专项培训，以提高该能力。如稳定性方面，我们会对错误率高或平均完成量低的机车乘务员提供有针对性的培训。解决这个问题的一个可行的方案是建立强制休假制度，比如一年带薪休假两个月。在这段时间内，师傅们不能留在家里，必须出去走动。虽然推行带薪假期等方式可能增加运营成本，但是从长远来看，机车乘务员的工作效率提高了，对铁路局、乘客和司机本人都是好事。

在选拔机车乘务员的过程中我们可以先对候选人进行各项指标的测试，如果该候选人在每个测试项目上都没有合格，则可以直接淘汰。淘汰机车乘务员的原理其实与选拔机车乘务员一样，淘汰机车乘务员主要是对现任机车乘务员进行安全性测试，同样把测试结果代入判别公式，如果差组的值最大，则该机车乘务员很有可能存在安全适应性问题。但是在使用公式时还需要结合实际情况，比如结合该机车乘务员历来的表现，违章违纪和重大考核情况等来做出判断。

结　语

随着运输形式的变化，提高轨道交通司机素质，稳定轨道交通司机队伍，保证轨道交通司机队伍技能水平的连续性，改革轨道交通司机管理模式，服务于运输生产，确保行车安全，是推动今后轨道交通司机制度改革的一项长期而艰巨的任务。本书对轨道交通司机安全性评价与管理的研究不仅对轨道交通司机职业产生了积极的影响，同时也会对轨道交通运输系统产生一定的影响。

从宏观角度来讲，此次研究的成果将为政府部门推进轨道交通司机制度改革提供一个方向，改变以往过于注重理论知识和体检的局面。

对于我国轨道交通司机的管理来说，此次研究的成果具有指导意义，将为今后对轨道交通司机进行选拔、日常管理和培训提供指导依据，以便建立适合实际情况的科学评价体系用于安全管理。

此次研究客观地反映了当前轨道交通司机身心等各方面不容乐观的现状，必将引起全社会对轨道交通司机更加全面的关注和理解，社会、家庭和工作单位都会给予轨道交通司机支持、尊重、理解，并使其切身感受到来自各方面的关怀，轨道交通司机的身心健康将会得到更好的维护。

总之，对于政府部门，应尽快推进轨道交通司机制度改革，对于各个轨道交通司机管理部门，要把好就业和上岗关；对于整个社会来言，要加强集体精神文明建设，提高集体的凝聚力，创建和睦的社会和家庭氛围，排除和减少一切干扰因素，保障轨道交通司机以饱满的热情和充足的精力投入到工作中。

参考文献

［1］ADAM M F. Risk assessment research: only the beginning [J]. Risk analysis, 1994, 14 (6): 907–911.

［2］VAURIO J K. Human factors, human reliability and risk assessment in license renewal of a nuclear power plant [J]. Reliability Engineering and System Safety, 2009, 94 (11): 1818–1826.

［3］BOWLES B J. Fuzzy logic prioritization of failure in a system failure mode [J]. Reliability Engineering and System Safety, 1995, 50 (5): 203–213.

［4］HOLLNAGAL E. Reliability of man-machine interaction [J]. Reliability Engineering and System Safety, 1992, 38 (7): 81–89.

［5］KIRWAN B, GIBSON W H, HICKLING B. Human error data collection as a precursor to the development of a human reliability assessment capability in air traffic management [J]. Reliability Engineering and System Safety, 2008, 93 (2): 217–233.

［6］KIM M C, SEONG P H. PHA computational method for probabilistic safety assessment of I&C systems and human operators in nuclear power plants [J]. Reliability Engineering and System Safety, 2006, 91 (5): 580–593.

［7］HUDOKLIN A, VOJAN R. Reliability of railway traffic personnel [J]. Reliability Engineering and System Safety, 1996, 52 (2): 165–169.

［8］ELMS D. Rail safety [J]. Reliability Engineering and System Safety, 2001, 74 (3): 291–297.

［9］KIM D S, BAEK D H, YOON W C. Development and evaluation of a computer-aided system for analyzing human error in railway operations]. Reliability Engineering and System Safety, 2010, 95 (2): 87–98.

[10] WHITE R. Motivation reconsidered: The concept of competence [J]. Psychological Review, 1959 (66): 279–333.

[11] MCCELLAND D C. Testing for competence rather than for intelligence [J]. American Psychologist, 1973 (28): 1–14.

[12] SHIPPMANN J S, ASH R D. The practice of competency modeling [J]. Personal Psychology, 2000, 53 (3): 703–740.

[13] ELKIN G. Competency–based human resource development [J]. Industrial and Commercial Training, 1990, 22 (4): 20–25.

[14] MOTOWIDLO S J, BORMAN W C, SCHMIT M J. A theory of individual differences in task and contextual performance [J]. Human Performance, 1997, 10 (2): 71–82.

[15] RUSSELL C J. A longitudinal study of top-level executive performance [J]. Journal of Applied Psychology, 2001, 86 (4): 560–573.

[16] JANSEN P G, STOOP B A. The dynamics of assessment center validity results of 7-year study [J]. Journal of Applied Psychology, 2001, 86 (4): 741–753.

[17] ROTHWELL W J, LINDHOLM J E. Competency identification, modeling and assessment in the USA [J]. International Journal of Training and Development, 1999, 3 (2): 90–105.

[18] HORTON S. Introduction the competency movement: its origins and impact on the public sector [J]. The International Journal of Public Sector Management, 2000, 13 (4): 306–318.

[19] CAMPBELL J P, MECLOY R A, OPPLER S H. A theory of performance [M]. San Francisco: Jossey-Bass, 1993: 35–70.

[20] ARMSTRONG M, BARONL A. Performance management [M]. London: The Cromwell Press, 1998.

[21] SPENCER L M, MECLELLAND D C, SPENCER S. Competency assessment methods: History and state of the art [M]. Boston: Hay–McBer Research Press, 1994.

[22] 沈斐敏. 安全系统工程理论与应用 [M]. 北京：煤炭工业出版社，2001.
[23] 王显政. 安全评价 [M]. 北京：煤炭工业出版社，2002（10）.
[24] 冯肇瑞，崔国璋. 安全系统工程 [M]. 北京：冶金工业出版社，1987.
[25] 周长春，黄元平. 连续危险源危险性评价原理与及其在煤矿瓦斯灾害中的应用研究 [D]. 北京：中国矿业大学，1995.
[26] 马丽英，李凤荣. 电力企业安全性评价改进 [J]. 电力学报，2009，24（2）：165–167.
[27] 周志刚，王奕屏，龙科军. 基于运行速度的公路交通安全性评价方法[J]. 交通科学与工程，2009，25（1）：91–95.
[28] 刘凤山. 人机工程学在安全评价中的应用 [J]. 化工劳动保护，1992（6）：14–15.
[29] 闫善郁. 事故树的模糊分析方法研究 [J]. 大连铁道学院学报，1997（1）：94–98.
[30] 李晓军. 用人工神经网络进行企业安全性评价的可行性探讨 [J]. 劳动保护科学技术，1997（2）：37–40.
[31] 佐谷克明. 防止人因失误的方法 [J]. 安全工学，1999，38（6）：380–388.
[32] 周前祥. 载人航天过程中人的可靠性研究[J]. 上海航天，2001（4）：26–30.
[33] 周前祥，龙升照. 载人航天中人的可靠性模型及其分析 [J]. 系统工程与电子技术，1997（8）：34–37.
[34] 周前祥，龙升照. 载人航天器系统防操作失误设计分析 [J]. 中国空间科学技术，1997（6）：28–33.
[35] 刘正江，吴兆麟. 船舶避碰过程中人的可靠性分析 [J]. 大连海事大学学报（自然科学版），2003（3）：43–47.
[36] 刘玉增，张殿业. 汽车驾驶人的可靠性分析[J]. 交通运输工程与信息学报，2006，4（1）：1–4.
[37] 戢晓峰，吴其刚. 人因可靠性分析在铁路安全管理中的运用 [J]. 铁道劳动安全卫生与环保， 2007（2）：82–84.
[38] 赵曙明. 人力资源管理研究新进展 [M]. 南京：南京大学出版社，2002：

136–147.

［39］张力. 概率安全评价中人因可靠性分析技术研究［D］. 长沙：湖南大学，2004.

［40］王重鸣，陈民科. 管理胜任力特征分析：结构方程模型检验［J］. 心理科学，2002，25（1）：513–516.

［41］时勘，王继承，李超平. 企业高层管理者胜任特征模型评价的研究［J］. 心理学报，2002，34（3）：306–311.

［42］魏钧，张德. 国内商业银行客户经理胜任力模型研究［J］. 南开管理评论，2005，8（6）：4–8.

［43］尹继卫. 能力本位：英国高级公务员培训新取向［J］. 中国行政管理，2000（11）：43–45.

［44］赵勇. 美国公务员队伍能力建设初探［J］. 行政与法，2003（2）：55–58.

［45］许勇. 欧洲诸国铁路部门的行车适应性检查［J］. 世界铁路报道，1994（1）：27–31.

［46］叶龙，傅俊凤. 铁路行车安全与司机生理和心理素质关系的研究［J］. 中国安全科学学报，1997（7）：53–57.

［47］叶龙，刘士奇. 行车安全与机车乘务员握力的研究［J］. 铁道运输与经济，1997（19）：27–28.

［48］刘士奇，叶龙. 机车乘务员智力水平与行车安全关系的研究［J］. 北方交通大学学报，1995（19）：509–513.

［49］邱永祥，叶玉华，赵亚林，等. 高速列车机车乘务员心理学选拔指标的应用和筛选［J］. 铁道劳动安全卫生与环保，2009，36（2）：58–61.

［50］胡列格，郭香妍，程乐乐. 城市轨道交通项目决策研究［J］. 系统工程，2002，20（3）：58–63.

［51］胡晓非，魏庆朝. 城市轨道交通在北京城市结构调整中的作用与对策［J］. 都市快轨，2004（17）（增刊）：6–9.

［52］胡晓嘉，顾保南，吴强. 城市轨道交通运营管理模式研究［J］. 城市轨道交通研究，2002（4）：43–46.

[53] 简炼. 完善城市轨道交通建设的市场化模式 [J]. 地铁与轻轨，2003（3）：1–7.

[54] 焦桐善. 我国城市轨道交通的发展和相关政策 [J]. 现代城市轨道交通，2006（5）：1–3.

[55] 金辰虎. 世界主要城市轨道交通建设经验及管理水平 [J]. 铁道运输与经济，2002，24（10）：56–58.

[56] 高振华. 北京市轨道交通发展历程回顾与展望[J]. 北京规划建设，2010(2).

[57] 蓝兰. 北京轨道交通建设情况 [J]. 交通世界，2010（11）.